LA TOUR D'AUVERGNE

ET

LES GRENADIERS DE FRANCE,

OU

LE PANTHÉON DES BRAVES.

IMPRIMERIE DE DAVID.

La Tour d'Auvergne,
1er Grenadier de France.

LA TOUR D'AUVERGNE

ET LES GRENADIERS DE FRANCE,

OU

LE PANTHÉON DES BRAVES;

Recueil intéressant et mémorable de faits héroïques et d'actions d'éclat qui signalèrent, pendant vingt-cinq ans, les grenadiers et les soldats des armées françaises.

Braves soldats français!.. quels hommes!.. ils se sont rendus tous immortels! toute l'armée sera mentionnée dans les annales de la France. Mais ce n'est pas assez; chacun d'eux devrait occuper seul une page dans l'histoire.

Paroles de Bonaparte.

TOME PREMIER.

PARIS,

CHEZ DOUCHARD ET DAVI, LIBRAIRES,
QUAI DES AUGUSTINS, N° 3.

1821.

PRÉFACE.

LES exploits glorieux et les hauts faits d'armes des phalanges françaises, dans une période de vingt-cinq ans, sont dignes de l'admiration de tous les siècles; mais l'histoire, chargée de les transmettre à la postérité la plus reculée, ne s'attachera, pour ainsi dire, qu'à relever le mérite des généraux et des chefs qui les commandaient, et passera légèrement sur les héros subalternes qui contribuèrent si puissamment à soutenir et à augmenter la gloire du nom français. Cependant, il faut rendre à chacun ce qui lui appartient; *suum cuique;* c'est ce qui nous a déterminés à publier un recueil où nous retraçons avec fidélité les actes de valeur, de courage et de bravoure de tous ces immortels grenadiers, soldats et cavaliers de toutes armes, qui ont si bien mérité de la patrie, et dont les noms attendent encore des colonnes.

Que d'actions d'éclat, quels dévouemens sublimes resteront à jamais ignorés ! Dérobons du moins à l'oubli ceux qui sont parvenus à notre connaissance, et que notre ouvrage soit le Panthéon des braves qui n'ont pas eu assez de crédit ou d'argent pour avoir des historiographes à leurs gages !

NOTICE

SUR LA VIE

DE LA TOUR D'AUVERGNE,

PREMIER GRENADIER DE FRANCE.

L'HISTOIRE consacrée à recueillir les actes de courage et de bravoure, les exploits glorieux et les hauts faits d'armes des guerriers français, pendant une révolution de 25 ans, s'empressera de transmettre à la postérité la plus reculée le nom de celui qui fut surnommé le *premier Grenadier de France*. Les notices que nous allons donner sur cet illustre militaire, sans peur et sans reproche, pourront servir de matériaux aux écrivains qui essaieront par la suite de publier une histoire détaillée d'un homme qui honora son pays par sa bravoure à l'armée, et par ses travaux littéraires dans la république des lettres.

THÉOPHILE-MALO-CORRET DE LA TOUR D'AUVERGNE, naquit à Carhaix, en Bretagne, (département du Finistère,) d'une famille noble (1). Après avoir fait d'assez bonnes études , son inclination le porta à embrasser la carrière des armes , où il se signala bientôt par son courage et son intrépidité.

C'est en Amérique qu'il fit ses premières armes, et qu'il servit en qualité de volontaire sous le duc de Crillon , qui commandait l'armée Espagnole au siége de Mahon. Ce fut lui qui fit couler une frégate anglaise sous le feu de la mousqueterie et du canon de la place, et brûla les bâtimens munitionnaires de l'ennemi. Après une action très-vive, et des plus périlleuses , il retourna jusques sous la batterie anglaise pour chercher un officier blessé , resté sans secours sur la crête des glacis ; il l'enleva et le porta sur ses épaules jusqu'au camp Espagnol.

Le roi d'Espagne , à qui l'on fit le récit de cette action, charmé de la bravoure de la Tour d'Auvergne, lui envoya son ordre,

---

(1) On prétend qu'il est un des rejetons de la famille de Turenne, dont le nom brille avec éclat dans les fastes de la monarchie.

avec une pension de 100 pistoles ; le guerrier français refusa la pension et garda la croix ; trait de désintéressement dont on trouve aujourd'hui peu d'exemples.

Revenu en France, en 1792, il prit de nouveau les armes, et fit la campagne de Savoie, à la tête des grenadiers du régiment d'Angoumois, sous les ordres du général Montesquiou.

Bientôt il passa à l'armée des Pyrénées, où il commanda toutes les compagnies de grenadiers qui formaient l'avant-garde de l'armée ; cette colonne, surnommée *l'Infernale*, avait presque toujours remporté la victoire, lorsque le corps d'armée arrivait sur le champ de bataille.

Parmi quelques-unes de ses actions, d'une audace et d'une valeur extraordinaires, nous croyons devoir rappeler les suivantes.

Les Espagnols bordaient dans les Pyrénées cette ligne qui sépare la France de l'Espagne ; la Tour d'Auvergne descend par le col glacé du Portillon, les chasse de la vallée d'Aran, par l'impétuosité de son courage, et la rapidité de ses mouvemens. Retranchés dans un château crénelé, ils défendaient l'approche de la montagne de

Louis XIV; la Tour d'Auvergne s'avance avec son intrépidité ordinaire sous le feu des batteries, ordonne aux grenadiers de pointer le canon de leurs fusils dans les créneaux; et, frappant lui-même à la porte à coups de hache, il somme l'ennemi de se rendre, et menace de le brûler. Ce trait d'audace le rendit maître de la forteresse.

Dans une expédition contre Saint-Sébastien, situé sur un rocher au milieu de la mer, arrivant sur un esquif, il feint que les Français ont amené toute leur artillerie; il s'écrie qu'il va réduire en cendres cette forteresse. Le commandant intimidé par ce ton d'assurance, lui remet les clefs de la citadelle.

Dans une autre affaire, la Tour d'Auvergne réunit ses grenadiers à la colonne du centre de l'armée Française, par la vallée de Bastan, gravit les montagnes, emporte les redoutes et fait 9000 prisonniers; infatigable dans ses courses, dans les bois, dans les défilés, il prit aux meilleurs tireurs espagnols les belles fonderies d'Egny et d'Abeyreties, estimées 320,000 fr.

Commandé pour aller avec une petite troupe à la découverte de l'ennemi, il se

rouve subitement en présence de dix
mille Espagnols ; ce nombre ne déconcerte
ni lui ni ses compagnons ; ils en imposent
quelque temps à l'ennemi par une conte-
nance audacieuse et un feu bien dirigé ;
mais les munitions allaient manquer : la
Tour d'Auvergne le sait, il ordonne de
cesser le feu. A cet ordre quelques écer-
velés, qui n'étaient pas de sa compagnie,
osent faire entendre ce cri terrible : *C'est
un ci-devant, il veut aussi nous trahir. —
Soldats,* cria l'intrépide chef à sa troupe,
*vous me connaissez, je suis votre cama-
rade, votre ami ; méprisez ces discours de
fous, et nous sortirons de ce pas.*

Cependant les Espagnols, jugeant au
silence des Français qu'ils ne demandaient
qu'à se rendre, s'approchent d'eux avec
précaution. La Tour d'Auvergne attend
qu'ils soient bien à portée, et il fait diri-
ger contre eux sa mousqueterie et ses pièces de campagne chargées à mitraille : le
désordre se met parmi les ennemis ; le
commandant français en profite pour faire
filer sa petite troupe ; il se retire avec
quelques prisonniers, sans avoir perdu un
seul homme. On voulait qu'il punît les sé-
ditieux : « *Je ne les connais, ni ne veux les*

connaître ; cette leçon leur suffit ; ils seront plus dociles et plus confians une autre fois. »

Instruit de cette action et de beaucoup d'autres semblables, le comité de salut public nomme la Tour d'Auvergne colonel du régiment ci-devant Champagne. Sur la lettre d'avis qu'il en reçoit, il assemble ses grenadiers. — « Camarades, je vous réunis pour vous consulter et avoir votre avis. » A ce propos, les grenadiers de s'entre-regarder en riant. — Eh ! oui, reprend la Tour d'Auvergne ; je vous ai quelquefois donné de bons avis, aujourd'hui il faut que ce soit vous qui m'en donniez. Le gouvernement vient de m'envoyer un brevet de colonel, dois-je l'accepter ? qu'en pensez-vous, mes enfans ? — Les grenadiers mornes et tristes gardent le silence ; enfin, l'un d'eux le rompt et dit :

« Notre capitaine, non-seulement ce grade mais un grade bien supérieur vous est dû ; depuis long-temps, nous le savons, et toute l'armée à cet égard pense comme nous : mais nous, nous perdrons donc notre père ?... Nous ne pouvons, ajoutèrent les autres grenadiers, vous dissuader d'accepter cet avancement ; mais, nous, notre capitaine !...

Des larmes coulaient de tous les yeux. — Mes amis, reprit la Tour d'Auvergne, attendri lui-même, je vois que cela vous afflige, vous êtes contens de moi ! — Ah ! si nous le sommes ! mais vous, l'êtes-vous aussi de vos grenadiers ? — Mes amis, content, très-content ; vous êtes tous des braves gens, et je vous aime tous comme mes enfans. Je voulais votre avis, je le connais, je vais en conséquence renvoyer ma commission. — Mais, capitaine... — Je n'écoute plus rien, je connais vos sentimens, cela me suffit : vous viendrez tous aujourd'hui dîner avec moi. Camarades, vous n'y manquerez pas. »

Il laisse là ces grenadiers étonnés, attendris, et va ordonner un repas militaire et frugal. A l'heure marquée les grenadiers arrivent. La Tour d'Auvergne se place au milieu d'eux ; on dîne gaiement. A la fin du dîner, il verse à tous du vin, et se levant : « Mes camarades, dit-il, renouvelons en ce moment un engagement mutuel, moi de ne pas vous quitter, et vous de m'être fidèles ; et il trinqua avec eux tous, au milieu d'une joie et d'un ravissement inexprimables.

De retour en France, après la paix avec

l'Espagne, il choisit une retraite à **Passy**, où il consacrait ses loisirs à des recherches savantes pour le perfectionnement de son livre des *Origines Gauloises*, lorsqu'il apprend que M. le Brigant, savant célèbre, son ancien ami, vient d'être séparé, par la conscription militaire, d'un fils unique, l'appui de ses vieux jours; il se présente au Directoire qui lui permet de remplacer le jeune soldat; il se rend à l'armée du Rhin, comme simple volontaire, et renvoie le fils à son père. il sacrifie à la fois ses goûts, ses études, son repos, sa santé, son grade, son amour-propre, et court remplacer un jeune conscrit, porte à sa place le fusil et le sac, et marche, en simple grenadier, dans des rangs où tant d'années il marcha comme l'un des plus illustres capitaines.

Un homme aussi désintéressé était encore un prodige de modestie. Toute la France applaudit à l'arrêté du premier Consul, qui lui conférait le titre de *premier grenadier de l'armée Française*. Lui seul s'en affligea.

Le considérant de cet arrêté était surtout remarquable. En demandant pour lui le titre de premier Grenadier, Carnot disait dans son rapport : *tant de vertus appartiennent à l'histoire . mais il appartient au premier Consul de la devancer.* Et ce considérant avait sensiblement affecté la Tour d'Auvergne. Un homme, comme il le disait lui-même, *qui ne compta jamais avec sa patrie que pour briguer l'honneur de la servir*, et qui rangea toujours parmi les choses les plus indifférentes les éloges et les honneurs, pouvait il n'être pas étonné en se voyant louer en face, d'une manière qui ne ménageait pas même sa pudeur ?

Lorsqu'il reçut le sabre d'honneur que lui décernait le premier consul, il ne voulut point se parer de cette arme avant que de l'avoir éprouvée contre les ennemis. *Il n'est aucun des grenadiers que je commande*, écrivait-il à un de ses amis, *qui ne l'ait méritée autant que moi ; allons, il faudra la montrer de près aux Autrichiens ; à mon âge, la mort la plus désirable est celle d'un grenadier sur le champ de bataille, et je l'y trouverai, je l'espère.*

Le 21 juin 1800, la Tour d'Auvergne passa à l'armée du Danube ; il était à la tête des grenadiers de la 46e demi-brigade, et fut tué d'un coup de lance au combat de Neubourg, en chargeant à la tête de sa troupe. Le général en chef Moreau, et tous les soldats, le regrettèrent vivement. Son corps, enveloppé de feuilles de chêne et de lauriers, fut déposé au lieu même où il avait reçu le coup fatal. Un grenadier dit en le retournant : *il faut le placer dans sa tombe comme il était vivant, faisant toujours face à l'ennemi.* Pendant trois jours les tambours des grenadiers furent voilés d'un crêpe, et son sabre d'honneur fut suspendu aux voûtes de l'église des Invalides, à la fête du 1er vendémiaire an 9.

La 46e demi-brigade porta, tant qu'elle exista, le cœur de ce brave, renfermé dans une petite boîte de plomb suspendue au drapeau ; et, à chaque appel que l'on faisait de la compagnie des grenadiers, son nom était rappelé par ces mots : *la Tour d'Auvergne, mort au champ d'honneur !*

Ce modèle des guerriers portait toujours dans les camps une plume, du papier, un Tite-Live et un Horace : il consacrait ses loisirs à des recherches savantes, pour perfectionner son livre des *Origines Gauloises*. La mort l'a empêché d'achever ce dictionnaire, où il comparait quarante-cinq langues.

La Tour d'Auvergne était pauvre, mais fier; il avait refusé le don d'une terre que lui offrait le duc de Bouillon, chef de sa famille. Comme il était extrêmement sobre, le traitement de capitaine suffit toujours à ses besoins, comme le grade suffit toujours à son ambition.

~~~~~~~~~~

Actions d'éclat et faits héroïques des grenadiers, soldats et cavaliers de l'armée française.

Un cavalier du 6ᵉ régiment, nommé *Mandement*, avait été chargé de porter des cartouches à l'infanterie française, qui attaquait le village de Hondtschoote; il aperçoit dans un pré un groupe de soldats qui gardaient un drapeau; trompé par les apparences, il les prend pour des français, s'avance vers eux, et, à travers la haie qui environnait le pré, il leur crie : « Camarades, voilà des cartouches. » On lui répond : « Apportez. » *Mandement* franchit la haie; il était entouré quand il reconnaît son erreur. On saisit son cheval par la bride, et on lui dit de se rendre.
~~~~~~~~~~

Mandement laisse échapper son sac de cartouches ; et tandis que ceux qui l'arrêtaient, s'occupaient à ramasser ces munitions, il tire son sabre, s'empare du drapeau, se fait jour à travers les soldats, et franchit la haie. A peu de distance, il trouve le bataillon dont il venait de saisir la drapeau aux prises avec les Français ; il traverse cette troupe au milieu des baïonnettes et d'une grêle de balles. Barré dans sa course, il se retrouve encore dans la mêlée, entouré de soldats ennemis ; il distingue le chef qui commandait, et se précipite sur lui en criant d'une voix formidable : « C'est la cavalerie française qui accourt pour vous charger. » En profitant avec adresse du premier effet que produisent ces paroles sur des soldats déjà étonnés de son audace, pour se dégager d'entre eux, il jette son drapeau, et entraîne leur commandant, qui devient son prisonnier.

Les Français, attaqués par une colonne espagnole, dans le poste d'Iramenaca, et forcés d'évacuer ce poste, se replièrent sur le rocher d'Arola. Dans ce combat, huit tirailleurs basques osèrent affronter, sur une hauteur, une colonne ennemie de six à sept cents hommes, sans examiner s'ils étaient eux-mêmes soutenus, pour l'empêcher de déboucher sur le point qu'elle voulait attaquer. Un vieillard basque, qui avait perdu ses armes dans le combat, aperçoit un Espagnol qui allait s'élancer sur lui; il le terrasse d'un coup de pierre, s'empare de son fusil et de son sabre, et le tue. Le même soldat avait fait, dans une action précédente, deux prisonniers de sa main.

A la bataille de la Sacile, en Italie, perdue par les Français, sous les ordres du prince Eugène, en 1809, le lieutenant *Pellegrin*, du 84e régiment, venait d'avoir une jambe emportée par un boulet. Comme quelques voltigeurs de sa compagnie s'empressaient de l'enlever du champ de bataille, il leur dit avec énergie : « Non, mes amis, laissez-moi dans cette » place, et retournez à vos rangs, où » votre présence est bien plus nécessaire; » il ne faut pas que le régiment perde sept

» hommes au lieu d'un seul ; si l'ennemi » est généreux, il prendra soin d'un brave. »

⁓⁓⁓⁓⁓

Dans la guerre d'Espagne, en 1810, un rassemblement considérable de paysans s'était formé pour défendre Castellon de la Plana, petite ville sur les bords de la mer, et près de l'embouchure du Minjarès. Le général Suchet y envoya deux escadrons de cuirassiers et hussards, avec quelques compagnies d'infanterie. Le pont de Castellon, encombré et barricadé, fut emporté après une vive résistance.

Un cuirassier nommé *Vinatier* se fit remarquer dans cette action. Ayant mis pied à terre, seul il dégagea le pont, sous une grêle de balles, et ouvrit le passage. Son intrépidité fut récompensée par la décoration de la Légion-d'Honneur.

⁓⁓⁓⁓⁓

Au combat naval d'Algésiras, la flotte française soutint la gloire de nos armes avec un courage à toute épreuve. On vit multiplier les traits de dévouement et d'héroïsme parmi les officiers et les soldats. On y vit des soldats couverts de blessures continuer de combattre sans penser à leurs plaies; des militaires embarqués sur une chaloupe qui coula bas, gagner terre à la nage, et servir aussitôt les batteries qu'on les avait envoyés défendre. Le contre-amiral Linois, donnant des éloges à l'intrépidité du canonnier *Cazelin*, continuant de servir sa pièce après avoir vu six de ses camarades tomber à ses côtés, ce brave se contenta de lui répondre : *Fussé-je le dernier, mon général, je continuerai de combattre.*

Le général Moreau, ayant formé le dessein de s'emparer de l'île et du fort de l'Écluse, donna l'ordre au commandant du génie Dejean de préparer tout pour le passage de Coxische. Le commandant Dejean, qui n'avait à sa disposition que quelques batelets, s'occupait de faire un pont pour ce passage, lorsque la bravoure et l'intrépidité française rendirent pour ainsi dire inutiles tous ces préparatifs. Des colonnes pendant ce temps étaient rassemblées, les unes à Klinkerque, et les autres à Baefs-Polders, pour inquiéter les

Hollandais. A la vue des ouvriers du génie, travaillant avec lenteur à la construction du pont, l'impatience de ces braves soldats devint extrême ; n'écoutant bientôt plus que leur courage, ils veulent parvenir à l'autre côté du canal, sans le secours du pont de bateaux. Excités eux-mêmes par l'enthousiasme dont ils sont témoins, les généraux cèdent aux désirs des soldats, aux cris redoublés de *vive la nation ! vive la France !*

Aussitôt, sous le feu même des batteries ennemies, au milieu d'une grêle de balles et de boulets, les grenadiers que suivent les chasseurs s'élancent dans les premiers batelets qu'ils trouvent sous leurs mains, les assujétissent les uns aux autres en les liant avec leurs cravates et leurs mouchoirs, et vont ainsi affronter l'artillerie des Hollandais retranchés dans l'île, tandis que d'autres Français, plus audacieux encore, se précipitent à la nage au milieu d'un courant extrêmement rapide.

Épouvantés à la vue d'une intrépidité qu'ils ne peuvent concevoir, les Hollandais s'étonnent : cependant ils redoublent le feu de leur mousqueterie, et mettent à profit leur position et leurs batteries pour

e défendre ; mais les Français bravent
vec un égal courage , et le feu de la
ousqueterie et celui de la mitraille ; ils
bordent malgré tous les efforts des Hol-
ndais pour les repousser. Pouvant enfin
ombattre de pied ferme , nos canonniers ,
ui n'avaient que transporté leurs pièces ,
e jettent sur les canonniers hollandais ,
es massacrent, s'emparent des bouches
feu, qu'ils tournent contre leurs adver-
aires , lesquels fuient en déroute avec la
apidité de l'éclair. Les Hollandais se rem-
arquent à la hâte pour éviter la poursuite
es vainqueurs.

Jean-Nicolas *Varocaux*, brigadier au
er de cavalerie, cuirassier, mérite d'être
ité parmi les braves qui s'illustrèrent dans
es campagnes d'Italie. Le 12 nivose an 9,
l'attaque de Saint-Maxime , il blessa
angereusement quatre hussards Autri-
hiens, fit deux prisonniers, et chargea
ennemi avec son peloton jusques sous les
urs de Véronne , où il délivra plusieurs
rançais.

Lors d'une attaque vigoureuse qui fut faite à la ville de Menin, le 25 septembre 1793, un soldat français se précipite dans le corps-de-garde d'un poste avancé, au milieu duquel étaient quinze fusils en faisceau ; il les renverse d'un coup de pied, se place de manière à empêcher les Autrichiens de s'en saisir ; et, leur présentant sa baïonnette, il leur crie d'une voix terrible : « Mes camarades me » suivent ; rendez - vous , où vous êtes » morts. » Ces quinze Autrichiens, épouvantés d'une telle audace, ne doutant pas qu'un grand nombre d'ennemis allaient venir fondre sur eux, se rendent prisonniers à un seul Français.

Le 26 juin 1794, à la célèbre journée de Fleurus, tandis que l'armée républicaine se bat avec acharnement contre l'armée coalisée, aux ordres du prince de Cobourg, plusieurs caissons sautent avec fracas dans le camp Français, et par le ravage qu'ils font autour d'eux, intimident nos soldats, dont quelques bataillons demandent la retraite. Le général Jourdan , qui combattait au milieu du feu comme le plus brave grenadier de son armée, entend ces vœux de la faiblesse : *non, s'écrie-t-il, point de retraite aujourd'hui! vaincre ou mourir! point de retraite!* l'ardeur qui enflamme le général , passe dans le cœur de ses soldats. Honteux de leur timidité , ils s'élancent sur les Autrichiens avec une nouvelle fureur , au cri mille fois répété de *point de retraite!* et ce mot magique , passant de rang en rang , court sur toute la ligne , électrise le courage des Français , et décide la victoire.

~~~~~~~~~~

Dans l'une des charges qui eurent lieu à la bataille de Jéna, gagnée par l'armée Française sur les Prussiens, les soldats du 17ᵉ de ligne, voyant arriver la cavalerie ennemie, au lieu de la fusiller dès qu'elle fut à portée, placèrent leurs schakos au bout des baïonnettes, et les agitant en l'air , firent retentir les cris de *vive l'Empereur!* sans s'inquiéter de l'approche de la cavalerie. *Mais tirez donc,* leur cria le colonel Lanusse. — *Nous avons le temps,* lui répondirent en riant ces courageux
~~~~~~~~~~

soldats, *à vingt pas nous verrons*. Et, effectivement, à cette distance, une décharge
terrible du régiment fit tourner bride aux
Prussiens.

Les Prussiens s'étaient fortifiés sur les
hauteurs de Werdt et de Freschweiller;
un grand nombre de bouches à feu rendaient leurs redoutes inabordables : le général Hoche, en parcourant les rangs du
corps d'armée qu'il commandait, crut remarquer quelque hésitation parmi les soldats; alors il s'écria : « Camarades, à 600
livres la pièce les canons prussiens ! — *Ad-
jugé !* » répondent les grenadiers; puis ils
courent sur les canons la baïonnette en
avant : ce mouvement entraîne toute l'armée. C'est en vain que l'artillerie ennemie
exerce d'horribles ravages; rien ne peut
arrêter l'ardeur des Français. La première
ligne des redoutes est rompue, les seconds
retranchemens sont enlevés, et l'on commence à combattre à la baïonnette. Une
de nos colonnes qui débouche sur la gauche force l'ennemi à changer son plan de
défense; il affaiblit son centre, et bientôt
il voit ses derniers retranchemens envahis.

Dix-huit canons et vingt-quatre caissons sont les trophées de cette journée. Les vainqueurs traînent les canons aux pieds de leur général, qui les leur paie au prix qu'il y avait mis lui-même avant le combat.

~~~~~~~~~~

La conquête de l'île de Cassandria donna lieu à plusieurs traits de courage et d'intrépidité dignes d'être burinés.

Au passage du canal, *Ventre*, sergent-major, *Beugny*, sergent, et *Bouvard*, caporal, tous trois du bataillon des chasseurs du Mont-Cassel, traînèrent à la nage, sur l'autre rive, au moyen d'une corde attachée à leur cou, des bateaux chargés de leurs camarades; et malgré le danger imminent auquel ils s'exposaient, ils répétèrent audacieusement neuf ou dix fois cette manœuvre.

Lalis, capitaine des grenadiers du seizième régiment, se jeta le premier dans un bateau, sous le feu de l'ennemi, pour donner l'exemple à ses soldats, et les encourager à le suivre. Tous se précipitèrent sur ses traces, les uns dans des bateaux, et les autres à la nage.
~~~~~~~~~~

Bouillet, capitaine des carabiniers au quatorzième régiment de chasseurs, montra pendant toute l'attaque, un courage et un sang froid imperturbables. Le premier, il se porta à découvert sur le bord du canal, armé d'une carabine, vis-à-vis une batterie dont il incommodait les canonniers par un feu continuel.

⁓⁓⁓⁓⁓

Lille était assiégé par le prince Saxe-Teschen : un canonnier bourgeois de cette ville servait une pièce sur les remparts ; il apprend que sa maison est incendiée par une bombe : *rendons-leur feu pour feu,* dit-il, et il continue de servir sa pièce.

⁓⁓⁓⁓⁓

A l'attaque du fort Vauban, un canonnier, nommé *Chéret,* a la mâchoire emportée tandis qu'il pointe un canon. On le porte à l'ambulance, où il reste quelques jours. Mais il n'a pas la patience d'attendre l'entière guérison de sa blessure, et sollicite la permission de retourner au combat. Sur le refus et l'observation qu'il n'était plus en état de servir, ce brave militaire s'écria avec indignation : « ai-je

» donc besoin de mâchoire pour me bat-
» tre ? J'ai deux bras et la vue bonne ; c'est
» assez pour pointer un canon, et abattre
» plus d'une mâchoire ennemie. »

A la bataille de Zurich, un simple
grenadier, nommé *Armand*, se distingua par un acte de bravoure presque
incroyable. Ce brave s'élança seul au
milieu d'un bataillon ennemi, enleva un
drapeau, tua trois hommes qui voulaient
le défendre, et bientôt après, secondé par
quatre de ses camarades, il fit mettre bas
les armes à quatorze officiers et à 163 soldats. L'intrépide *Armand*, reçut la récompense des braves, la croix de la Légion
d'Honneur.

Dans la campagne de Saxe, en 1813,
six fois les positions de Wachau et de Lie-
bert-Wolkowitz furent attaquées par toutes les forces ennemies ; six fois elles
échouèrent, et les Prussiens et les Russes
vinrent tomber en foule sous les baïonnettes françaises. La prise d'une de ces
positions offre un trait remarquable.

3.

Un régiment d'infanterie légère était placé devant Wachau. Napoléon arrive sous le feu terrible que l'ennemi faisait : « quel est ce régiment , dit-il à l'officier » qui était à sa tête. — Le 22ᵉ léger, ré-» pondit l'officier. — Cela n'est pas possi-» ble, répliqua Bonaparte , il ne resterait » pas les bras croisés à se laisser mitrail-» ler.» A ces mots qui l'enflamment, le ré-giment s'ébranle, marche sur la redoute et l'enlève ; 6ooo Autrichiens la défendaient.

A la bataille d'Essling, donnée en 1809, Napoléon s'exposa comme un sous-lieute-nant. Les boulets tuèrent plusieurs per-sonnes derrière lui. Enfin le général Wal-ter, effrayé du danger qu'il courait, lui cria : « *Sire, si votre Majesté ne se retire* » *pas, je la fais enlever par mes grena-* » *diers.* »

On a remarqué , dans les derniers triom-phes de l'armée , que les conscrits qu étaient à peine depuis six mois sous le_s drapeaux, montrèrent la même bravoure e_t la même impatience pour combattre qu_e

les vieux soldats. « Avant d'attaquer , di-
» sait un jour le maréchal Soult , j'avais
» l'habitude de faire sortir des rangs les
» derniers conscrits, et de les placer derrière
» en 3ᵉ ligne. Sur cent , trente tout au plus
» obéissaient à cet ordre. Les autres res-
» taient par curiosité ou par bravoure et
» me disaient : *de grâce, laissez-nous, géné-*
» *ral; il n'est pas si difficile de se battre ;*
» *ça s'apprend vite.* »

A la bataille d'Austerlitz un soldat du
10ᵉ d'infanterie légère , eut le bras gauche
emporté par un boulet de canon : « Aide-
» moi, dit il à son camarade, à ôter mon
» sac, et cours me venger ; je n'ai pas besoin
» d'autre secours. » Alors, son sac sous son
bras droit il marche seul vers l'ambulance.

A l'affaire de Marimont près Binche,
qui eut lieu le 22 juin 1794, *Jean-Louis
Levasseur*, capitaine de la quarante-neu-
vième demi-brigade de ligne, qui s'était
déja distingué au blocus de Landrecies,
fit encore une action d'éclat. Comman-

dant un bataillon de grenadiers à l'avant-garde, il fut chargé d'attaquer, avec quatre compagnies, un bataillon autrichien qui, débouchant de Maximont, cherchait à couper la retraite à deux pièces d'artillerie. Arrivé à l'entrée du village, il fit faire, à quinze pas, une décharge sur la tête du bataillon, le chargea aussitôt à la baïonnette; et, après un quart d'heure de mêlée, où l'on se battit corps à corps, l'ennemi, malgré sa supériorité en nombre, fut forcé à la retraite avec une perte considérable.

Dans ce combat, le capitaine *Levasseur* sauva la vie à un grenadier que terrassaient trois Autrichiens : il en tua un, mit le second hors de combat et le troisième en fuite. Les blessures qu'il reçut dans cette journée ne l'empêchèrent pas, quatre jours après, de se trouver à la bataille de Fleurus; et deux ans plus tard, il se distingua de nouveau à la bataille de Neuwied, où un coup de feu à la jambe ne lui permit plus de servir.

⁕⁕⁕⁕⁕⁕⁕

Le jour de la prise de Spire, le soldat *Guy* est chargé de s'assurer si la seconde porte de la ville est ouverte, et d'y pénétrer ensuite pour reconnaître la situation de l'ennemi. *Guy* traverse plusieurs rues sans rencontrer personne : arrivé sur la place, il voit les Autrichiens, rangés en bataille ; il renforce sa voix, et crie à leur chef : « Bas les armes ! » Au même instant, il reçoit trois balles dans ses habits, et son cheval s'abat sous lui. Deux croates qui le croient mort, se précipitent pour le dépouiller. Le français se dégage, tue ses deux ennemis avec ses pistolets, et gagne une rue détournée, où il combattait encore, lorsque nos troupes arrivent et s'emparent de la ville.

Nicolas Nazé, canonnier à cheval au 7ᵉ régiment, obtint une grenade d'honneur, pour s'être distingué par sa bravoure, à l'affaire du 19 floréal an 8, devant Bibérack. La pièce du maréchal-de-logis de son régiment, nommé Mascret, avait été démontée et renvoyée au parc pour y être réparée. *Nazé* monte alors à cheval pour voir de plus près une batterie ennemie de six pièces ; alors il aperçoit un escadron du 5ᵉ régiment de chasseurs, chargeant

les hussards de Blankeisten , qui proté-
geaient les 6 pièces qui nous battaient; il
appelle aussitôt à lui son maréchal-des-logis Mascret, et cinq à six chasseurs du 5ᵉ
régiment, leur criant, *prenons les pièces* ,
et fond à leur tête sur la première qui est
enlevée et conduite au parc.

La bataille de Rivoli était gagnée , et les
Français, comme à l'ordinaire, avaient
fait dans cette occasion des prodiges de valeur. Après là bataille, le général Mon-
nier envoya le capitaine Regnier au village
de Garda, avec un détachement de cinquante grenadiers, pour en surveiller le
lac, et favoriser un débarquement. Au
moment où il visitait un petit poste placé
en avant, sept Autrichiens parurent. Il
ordonna de les attendre et de tâcher de
les faire prisonniers , tandis qu'il allait ras-
sembler dans le village le reste de son détachement. Quand il sort du village , il
trouve son poste amenant les sept prisonniers. Craignant d'être attaqué, il se dis-
posait à prendre dans les environs une
position avantageuse; mais à cinquante
pas de là, quelle fut sa surprise de rencon-

trer une colonne autrichienne qu'il n'aperçut qu'à vingt pas, au détour d'un défilé. Le commandant autrichien somme le capitaine Regnier de mettre bas les armes, disant qu'il est son prisonnier. « Non, » Monsieur, répondit-il, c'est vous. J'ai » désarmé votre avant-garde; vous en voyez » une partie. Bas les armes! ou point de » quartier. » Ses soldats répètent ce cri.

Les prisonniers voyant qu'au premier feu ils seraient tués, criaient de toutes leurs forces à leurs camarades de se rendre. Tant de bruit effraya l'officier ennemi. Il veut parler, on ne lui répond qu'en criant : *Bas les armes!* Il propose de capituler : Non, lui répond le capitaine français, *bas les armes! et prisonniers.* « Mais, Mon- » sieur, ajoute-il, si je me rends, n'aurai-je » pas de mauvais traitement à éprouver? » Le capitaine Regnier lui donne sa parole d'honneur qu'il n'a rien à craindre. Alors le commandant autrichien s'avance, présente son épée, sa troupe met bas les armes. Le capitaine français, craignant que les Autrichiens ne s'aperçussent enfin de son petit nombre, les fit rétrograder. Il y avait deux barques au bord du lac. Une certaine quantité d'Autrichiens s'y jettent,

sans que leurs officiers puissent les en empêcher. A peine sont-elles à soixante toises,
du rivage, que ces barques trop surchar-
gées coulent bas. La majeure partie se noie.
Quelques instans après, beaucoup d'Impériaux refusent de marcher. Les officiers
eux-mêmes avaient l'air de partager cet avis.
Le capitaine français sent le danger qui le
menace ; il en apprécie toute l'imminence
en entendant un de leurs capitaines leur
dire : « Attendons encore. — Que dites-
» vous, monsieur, lui dit Regnier d'un ton
» ferme ? Où est donc l'honneur ? n'êtes-
» vous pas prisonniers ? m'avez-vous rendu
» les armes ? ai-je votre parole ? Vous êtes
» officier, je compte sur votre loyauté ;
» pour preuve, je vous rends votre épée,
» et faites marcher votre troupe, sans quoi
» je me vois forcé de faire avancer contre
» vous une colonne de six mille hommes qui
» me suit. »

Le mot *honneur*, les victoires de l'armée
d'Italie, et la colonne imaginaire, le déci-
dèrent sans doute. « Je vais vous prouver,
» Monsieur, dit-il, que je connais l'honneur;
» marchons, et je réponds que tout le monde
» me suivra. » Il parle alors en allemand à
ses soldats : le calme se rétablit; ils arri-

vent sans aucun événement nouveau au camp français, « et l'on voit cinquante gre-
» nadiers amener dix-huit cents prisonniers
» du régiment impérial de Klébeck et d'un
» corps franc. »

A la bataille de Terni, livrée en décembre 1798, un soldat français, nommé *Durand*, se précipita seul sur une pièce de canon, fendit la tête à cinq Napolitains qui la servaient, et s'en empara. Le capitaine des canonniers napolitains lui offre sa bourse pour arrêter son courage ; le soldat français la refuse, en disant : *Un Français ne se bat pas pour de l'argent.* Le capitaine lui offre son épée : *Gardez-la*, lui répond le soldat, *pour l'offrir à mon capitaine ; c'est à lui à qui elle appartient.* Le Napolitain conserve son épée ; mais, un moment après, il profite de la sécurité du soldat, dont il était le prisonnier, et le frappe par derrière. Sa mort est aussitôt vengée ; mais la France aura toujours à regretter un guerrier généreux, victime d'une infâme trahison.

~~~~~~~~~~

Le bourg de Diersheim, à quelque distance du pont de Kell, fut l'endroit où le
général Moreau exécuta le passage du Rhin.
Le général Duhesme passa le premier ;
parvenu sur la rive opposée, à peine avait-
il passé quelques troupes en ligne, pour
couvrir le point de débarquement, qu'il
se vit attaqué par un régiment autrichien.
Duhesme fait battre la charge : son tambour tombe mort ; il saisit la caisse, la bat
avec le pommeau de son épée, et précède
ses soldats, en leur criant : *Enfans ! à la
baïonnette !* Ce beau mouvement décida
l'affaire.

~~~~~~~~~~

A la journée d'Essling, un canonnier
français eut les deux jambes emportées
par un boulet : deux soldats le ramassent,
et le chargent sur deux branches d'arbres
pour le porter à l'ambulance établie dans
l'une des îles du Danube. Il souffrait hor-
riblement, et ne jetait pas un cri : J'ai
bien soif, disait-il souvent à ses porteurs.
Arrivés sur un des ponts sur radeaux, il

les supplie d'arrêter un moment, de le poser sur le plancher, et d'aller lui chercher de l'eau pour étancher sa soif, ou un peu d'eau-de-vie pour ranimer ses forces. Ses camarades lui obéissent et le quittent : à peine ont-ils fait quelque pas, qu'il leur crie : *Mes amis, allez doucement; je n'ai pas de jambes, et j'arriverai plus tôt que vous : vive la France!* Il dit, et se roule dans le fleuve, qui l'engloutit.

La veille de la bataille de Wagram, gagnée par l'armée française sur les Autrichiens, le 6 juillet 1809, le colonel Harriet dit au prince de Neufchâtel : *Mon prince, placez-moi, je vous en prie, quelque part où je puisse mourir utilement.* On le mit à l'avant-garde : à la première charge, une balle lui laboure le front. Sans interrompre son mouvement, il bande sa blessure avec un mouchoir, charge de nouveau, et, tout couvert de sang, rentre en ligne aux acclamations des braves. Quelques momens après il reçoit l'ordre d'enlever une batterie : il y court, la batterie est enlevée ; mais un boulet le frappe à la poitrine, et il meurt sans avoir le temps de sentir que sa mort est glorieuse.

~~~~~~~~~

Un officier prussien, qui avait été plusieurs fois battu par les Français, s'exprimait ainsi à leur sujet :

« Ces Français sont de petits bons hom-
» mes, des nains : s'il s'agissait de se mesu-
» rer avec eux corps à corps, je me ferais
» fort de venir à bout de six d'entre eux, et
» de les faire sauter par la fenêtre ; mais,
» en troupe et dans les rangs, ce sont des
» diables : cela marche, cela se déploie avec
» une promptitude sans exemple ; les bou-
» lets passent par-dessus ; et pendant qu'un
» inutile et lourd serre-file prussien fait une
» seule fois demi-tour à droite, les Fran-
» çais ont déjà répété ce mouvement une
» douzaine de fois. »

~~~~~~~~~

Brard, soldat du 76e. de ligne, sur le point d'avoir la cuisse amputée, dit au chirurgien qui se préparait à l'opérer : « Je
» le sens, j'en mourrai ; mais qu'importe ;
» un homme de moins n'empêchera pas la

» 76ᵉ de marcher à l'ennemi, la baïonnette
» en avant. »

—————

Un des régimens qui se distinguèrent
le plus à la bataille d'Austerlitz, fut le 57ᵉ
de ligne, que Bonaparte avait surnommé *le
Terrible*, et auquel, avant la bataille, il avait
rappelé son devoir. Ce régiment était composé presqu'en entier de conscrits du Cal-
vados et de la Seine-Inférieure : aussi, le
soir, on fit d'eux cet éloge : « Les Nor-
mands ont tenu parole, ils se sont distin-
gués. »

—————

A la même journée, le général Thiébault, dangereusement blessé, était transporté par quatre prisonniers russes ; six
Français blessés l'aperçoivent, ils chas-
sent les Russes et saisissent le brancard,
en disant : *C'est à nous seuls qu'appartient
l'honneur de porter un général français
blessé.*

—————

Le huitième régiment faisait partie
de l'armée de Rhin-et-Moselle, que com-

mandait Pichegru , à la fin de 1793. Un chasseur, nommé *Fatou*, ayant, dans la mêlée, tué un cavalier autrichien, s'empare de son cheval. Rencontré presqu'aussitôt par un officier qui avait perdu le sien, celui-ci lui demande s'il voulait lui céder le cheval, dont il lui offre la valeur. «Vous le céder ! reprit le brave chasseur, volontiers, mon capitaine ; mais au prix coûtant, s'il vous plaît, c'est-à-dire, en chargeant ces b......-là. » Après le combat, le général , informé de cette réponse, fit venir *Fatou*, qu'il voulut obliger à recevoir une assez forte somme ; mais il persista dans son refus, et se retira en disant : «Fi donc ! mon général ; vous savez bien qu'il ne faut rien pour ça. »

***

H. *Jardon*, fils d'un pâtissier de Verviers, de simple soldat devint, en 1792 , en passant par les divers grades militaires, général de brigade. Son intrépidité et sa bravoure étaient passées en proverbe parmi les troupes. Il disait souvent, qu'avec deux compagnies *de grenadiers français seulement, il ne ferait pas difficulté d'attaquer vingt mille hommes , comme s'il eût eu des forces égales.*

Le général *Jardon* ne respirait que les combats ; son seul plaisir était de se battre. Invitait-il à dîner quelques officiers de sa brigade , il leur proposait pour amusement de l'après-dînée d'aller charger l'ennemi : c'était là son plaisir favori , il n'en connaissait pas de plus grand. Cette bravoure semblait tenir à une prévention des Belges , ses compatriotes, pour les enfans nés coiffés. Il disait avec l'air de la plus intime conviction , que les balles ni les boulets ne pouvaient jamais atteindre sa personne. Tous les événemens de ses campagnes parurent l'affermir dans cette espèce de fatalisme. Il ne se passa presqu'aucune affaire à l'armée du Nord, où les chevaux, les aides-de-camp et les ordonnances du général *Jardon* n'eussent été tués ou grièvement blessés à ses côtés ; pour lui il ne reçut jamais que des balles mortes dans ses habits. C'était un singulier spectacle de voir ses chevaux mutilés de coups de feu , les oreilles percées, la chair du poitrail et de la croupe emportée , tandis que le maître , exposé comme eux au feu de l'ennemi, paraissait invulnérable.

Au combat d'Outre Meuse, où il détrui-
sit une légion entière d'émigrés, il eut deux
chevaux tués sous lui; il vit tomber à ses
côtés son jeune neveu, percé de cinq blessures mortelles : un de ses adjudans et ses
ordonnances trouvèrent la mort près de
lui, et il ne reçut pas la plus légère con-
tusion ; une balle dirigée contre sa poitrine
vint frapper la lame de son sabre, qui fut
brisé du coup ; une seconde balle cassa le
pommeau dans sa main, sans atteindre seulement le petit doigt. Toutes les fois qu'il
allait à la découverte, une partie des siens
était renversée par les décharges de la mousqueterie ; souvent ceux qui l'entouraient
tombaient pêle-mêle à ses côtés, tandis
que les balles semblaient n'arriver sur ses
vêtemens que pour y perdre toute leur force
et rester sans effet. Avec soixante-cinq grenadiers il attaqua un jour neuf cents Autrichiens, et les mit en déroute.

Dans la campagne de Hollande, après
l'affaire de Bréda, le chef de bataillon
Thiébault, aujourd'hui lieutenant-général,
courut un danger auquel il n'échappa que
par sa présence d'esprit et son intrépidité.

Suivi de cinquante chasseurs de son bataillon et de douze grenadiers du premier bataillon de l'Oise, il poursuivait les vaincus
avec vivacité. Emporté par trop d'ardeur,
il eut bientôt dépassé de beaucoup les autres bataillons français. Deux cents cavaliers
hollandais s'aperçoivent de son isolement,
font volte-face, et le chargent vigoureusement. La plupart des chasseurs de Thiébault prennent l'épouvante, se mettent à
fuir, et sont sabrés par la cavalerie ennemie. Il ne restait plus à cet officier que
quatre de ses tirailleurs et onze grenadiers.
Il se jette, avec cette poignée de braves,
derrière une mâsure ruinée, et leur fait
jurer de mourir plutôt que de mettre bas
les armes. Les murs, qui n'avaient pas
plus de trois pieds de haut, étaient crevas-
sés. Le commandant Thiébault fait faire,
par l'une de ces crevasses, un feu si vif
sur les cavaliers, qui déjà entouraient la
mâsure, qu'un grand nombre est mis hors
de combat. Les Hollandais, étonnés de cette
résistance meurtrière, abandonnent leur
attaque, et se retirent. Ainsi, avec quinze
hommes seulement, Thiébault eut la gloire
de braver deux cents ennemis ; il perdit un

seul de ses soldats, qui fut tué; un autre fut blessé.

A l'affaire de Zolhausen, armée du Rhin, le 23 prairial an 8, lors du passage du Lech, *François Vignot*, trompette-chasseur de la garde des consuls, après avoir franchi ce torrent sur une poutre, et avoir concouru à la prise d'une batterie de canons, voyant des hussards ennemis charger pour les reprendre, il sauta sur un cheval d'une des pièces, marcha contre eux en sonnant la charge; leur faisant croire par ce trait d'audace qu'il était suivi de cavalerie en force, il les contraignit de prendre la fuite.

Un soldat du train, grièvement blessé à la cuisse par un boulet, se penchait de temps en temps sur le col de son cheval. « As-tu peur? lui dit le maréchal Ney. — » Peur! non, mon général; c'est cette » égratignure qui m'empêche d'être ferme » sur mes étriers. » Ney regarde, et, voyant l'état de ce malheureux, veut lui donner sa bourse et le faire porter à l'ambulance. « Ce n'est ni de l'argent ni des » soins, c'est la victoire qu'il me faut. »

Pendant la retraite qui suivit la désastreuse bataille de Mont-Saint-Jean, deux compagnies, ou tout du moins les débris de deux compagnies de la vieille garde, s'arrêtèrent sous les ordres d'un de leurs chefs, près Soissons, dans un village écarté de la route, afin de pourvoir sans confusion à la nourriture du détachement. Le maire fut appelé, et reçut l'ordre de faire les distributions accoutumées : en un moment, tout le pain nécessaire fut rassemblé, chacun des habitans en ayant donné sa part. Quant à la viande, le maire ordonna que celui qui devait fournir une vache pour la distribution, fût désigné par le sort.

Le sort tomba sur une pauvre femme vieille et infirme, qui se traîna, appuyée sur son bâton, jusque devant le front du détachement, pour faire des représentations au maire : « Cette vache qu'on veut » m'ôter, s'écria-t-elle, dans son langage » naïf, est tout mon avoir. Depuis long-

» temps elle me connaît ; c'est en même » temps toute ma richesse et ma compa- » gnie. Si vous la tuez, il ne me reste » plus qu'à mourir après elle. » Le maire resta inflexible, et déjà la hache était levée sur le front de la victime, lorsque les grenadiers, compatissans à la détresse de cette infortunée, s'écrient tous d'une voix : « Arrêtez, nous ne voulons point » de viande. » On rendit la vache à la vieille paysanne, qui la reconduisit dans sa chaumière en versant des pleurs de joie et de reconnaissance. Sa joie ne fut pas de longue durée ; le surlendemain, ces bons alliés, qui venaient pour nous rendre *la paix et le bonheur*, entrèrent dans le village, et la vache fut sacrifiée.

Pendant le siége du fort de l'Écluse, les Hollandais avaient eu recours aux pots à feu pour faire beaucoup de mal aux tra- vailleurs ; ils en lançaient par jour une quantité énorme. Témoin de l'utilité dont les pots à feu étaient pour les assiégés, *Bruiron*, grenadier au premier bataillon de la Marne, s'était pour ainsi dire dé- voué pour les éteindre. Seul, à portée de pistolet de l'ennemi , il en éteignit quatre l'un après l'autre , au milieu d'une grêle de mitraille et de mousqueterie. Mais ce brave grenadier finit par être victime de son dévouement : atteint d'une balle à la tête , il en fut grièvement blessé.

René Moreau, qu'il ne faut pas confondre avec le fameux général de ce nom , tué à la bataille de Dresde , en combattant contre sa patrie , né à Rocroi , département des Ardennes , s'engagea à seize ans dans le régiment d'Auxerrois , fit comme grenadier les campagnes d'Amérique , et eut la jambe un peu fracassée d'un coup de feu devant Sainte-Lucie. Son colonel voulut le faire officier. *Moreau* avait une taille noble , la figure la plus heureuse , de l'esprit et de la bravoure ; ce n'était pas assez alors dans une monarchie : il revint en 1781 , avec un congé et la plaque de cuivre , dans son pays , où il reprit l'état de menuisier , qu'il avait appris de son père. Au commencement de la révolution , son talent pour la guerre , qui n'avait rien de la rudesse d'un soldat , l'éleva au commandement de la garde nationale ; il fut

suivi des regrets de tous les habitans,
lorsqu'en 1791, nommé chef d'un bataillon, il quitta sa femme et ses enfans, et
un atelier de trente ouvriers, pour voler
à la défense de la patrie, oubliant la blessure qu'il avait reçue autrefois, et qui n'a-
vait jamais été bien guérie.

Pendant le siége de Thionville, il re-
poussa les Prussiens par des sorties vigou-
reuses, à la tête d'un bataillon de grenadiers qu'il avait formé. Sa belle conduite,
et un excès de valeur, lui firent franchir le
grade de colonel, qui ne parut pas un prix
digne de ses exploits; en six mois de temps
il fut fait maréchal-de-camp, général de
division, et général en chef de l'armée de
la Moselle. Il se montra républicain rigide,
mais humain; il aima et il devait aimer
une liberté qui le portait aux honneurs. Il
s'aperçut cependant que son bonheur excitait l'envie. Il avait alors auprès de lui
un vieux capitaine qu'il avait connu dans
son régiment; c'était un homme fidèle à
ses devoirs, mais la nature lui avait refusé
cette bravoure impétueuse qui emportait
les grades dans la guerre de la liberté.
Rien n'annonçait qu'il dût ne pas rester
capitaine toute sa vie. Cependant *Moreau*

sut que cet officier avait dit qu'il n'était
général que par faveur. Il voulut tenter
son courage ou le punir avec esprit. Il va
le trouver et lui dit : «Je sais une occa-
» sion où d'un seul coup vous deviendrez
» colonel » Le capitaine sourit et le presse
de s'expliquer. « Il s'agit, continua *Mo-
» reau*, de passer un petit torrent, de
» vous avancer dans le défilé d'une mon-
» tagne où plongent cinquante pièces d'ar-
» tillerie, d'y gravir deux à deux, et d'em-
» porter une redoute d'assaut à la tête
» de votre compagnie. » Le vieux capitaine change de visage, et répond que c'est
toujours à lui qu'on propose ces expédi-
tions dont on ne revient jamais. « J'en
» suis bien revenu, moi, lui repart vive-
» ment *Moreau;* il y a six mois que la
» redoute est enlevée, et voilà pourquoi
» je suis général. J'ai voulu me venger de
» vos reproches : restez dans votre obscu-
» rité. »

Après s'être signalé dans vingt combats,
vainqueur à Permesens, à Ornebach, à
Tripstad, à Rheinsfelt et à Genneval, ce
général grenadier mourut devant Luxem-
bourg, le 22 pluviôse an 3, d'une mala-
die causée par les fatigues de la guerre.

Vainqueur de Lodi et d'Arcole, Bonaparte, maître de la Lombardie, ayant repoussé les Autrichiens dans le Tyrol, fit investir Mantoue. Sa première idée fut de s'emparer de cette ville par surprise ; et, pour le tenter, le général Dallemagne et le chef de brigade Lannes, à la tête de six cents grenadiers, s'avancèrent vers le faubourg Saint-Georges : Bonaparte, qui s'était porté à la Favorite, maison de campagne du duc de Mantoue, fit marcher le général Serrurier pour soutenir l'attaque. Le général Dallemagne, ayant aperçu l'ennemi dans les retranchemens de Saint-Georges, l'attaqua, se rendit maître du faubourg et de la tête du pont. Déjà, sous le feu de la mitraille de la place, les grenadiers s'avançaient en tirailleurs sur la chaussée ; ils prétendaient même se former en colonne pour enlever Mantoue. Quand on leur montra l'artillerie qui était sur ses remparts : *A Lodi*, disaient-ils, *il y en avait bien davantage!* Les circonstances n'étaient plus les mêmes ; Bonaparte admira le courage de ses grenadiers, mais il les fit retirer.

~~~~~~

Dougados, sergent-major au deuxième bataillon du Tarn, tombe d'un coup de fusil qui lui traverse le corps ; ses camarades veulent l'emporter : « Allez à votre » poste, leur dit-il, vous vous devez à la » patrie avant que de penser à moi. »

~~~~~~

Bigot, adjudant-major du quatrième bataillon des Landes, marchant au pas de charge, à la tête d'un détachement, pour reprendre un poste, reçoit une balle qui lui perce la cuisse ; il marche jusqu'à ce que le détachement se soit emparé du poste : alors seulement il songe à sa blessure. Le chef de bataillon veut lui donner deux soldats pour le soutenir ; il les refuse, en disant : « Gardez-les pour combattre » les ennemis : je me retirerai comme je » le pourrai. »

~~~~~~

Trouillard, sapeur au 2e bataillon de sapeurs, au siége de Peschiera, en Italie, malgré le feu le plus vif de la part de l'ennemi, assaillit une maison avancée, reconnue comme le point le plus favorable

5.
~~~~~~

pour l'ouverture de la tranchée, en brisa les portes, y pénétra avec courage, et fit prisonnier le piquet entier, composé de trente hommes.

A l'armée des Pyrénées occidentales, le deuxième bataillon du Tarn attaque une redoute espagnole. *Levrac* et *sa femme*, tous deux grenadiers, marchaient ensemble contre une batterie. Cette femme voit expirer son frère et tomber son mari ; elle s'écrie : « *Avant de vous secourir, il faut que je vous venge.* » Elle se presse, entre la première dans les retranchemens : la redoute est emportée. Dix-neuf cartouches qu'on lui avait remises avant le combat étaient épuisées ; elle abat un ennemi à ses pieds et s'empare de sa giberne : elle poursuit les Espagnols, et ne quitte le champ de bataille que lorsqu'il retentit des cris de victoire.

Elle pleure son frère après l'avoir vengé, porte elle-même son mari dans l'hospice des blessés, et n'en sort qu'avec lui pour joindre son bataillon.

Lorsqu'au mois de juillet 1796, le général Joubert s'empara des gorges du Tyrol, déjà, le plus intrépide des braves, *Claude Roche*, était entré le premier dans les lignes de l'ennemi, tenant un officier autrichien d'une main, perçant de son épée un autre autrichien, et faisant trois prisonniers. Ce brave, dédaignant leur dépouille, la laissa et préféra la gloire d'emmener ces cinq individus après les avoir vaincus. *Jean Guérin*, sur la même ligne, tombait, au même instant, sur douze Impériaux. D'abord, il les vise, le fusil manque : par un mouvement aussi prompt que le clin d'œil, il a déjà mis le sabre à la main et coupé le bras au premier qui s'est avancé : cette audace confond et intimide les autres : ils se rendent.

Un colonel passant en revue, en 1814, sous les murs de Paris, les débris de son régiment, pour aller charger de nouveau l'ennemi, s'aperçut que l'un de ses soldats avait un fusil sans baïonnette, et lui en faisait des reproches, quand celui-ci lui répondit : *ma baïonnette, mon colo-*

nel, je l'ai laissée dans le ventre d'un Cosaque.

GERVAIS, dit *Montigny*, brigadier du 10ᵉ régiment de dragons, le 17 messidor an 4, pénétra seul dans Rastadt, où l'ennemi mettait le feu, força un officier de se rendre avec seize soldats, quatre artilleurs, et en ramena 17 à sa division, malgré l'opposition de deux chevau‑légers. Un mousqueton d'honneur lui fut donné pour récompense de cet acte éclatant de bravoure.

Le 23 prairial an 8, à Halhausen, lors du passage du Lech, *Nicolas Lefèvre*, sapeur au 3ᵉ bataillon de la Haute-Marne, s'élance le premier sur une poutre, la seule qui reste des débris d'un pont coupé par l'ennemi; il franchit un affreux précipice creusé par le torrent, et sans être arrêté par un feu terrible de mousqueterie et de mitraille, il tombe sur une batterie de canons qu'il enlève à l'aide de quelques camarades enhardis par son exemple. Ce courageux sapeur reçut quelque temps après du gouvernement, pour cette action si périlleuse, un fusil d'honneur.

⁕⁕⁕⁕⁕⁕

A la bataille de Trebbia, en Italie, *Guilbaudet* (Francois), maréchal-des-logis au 19ᵉ de dragons, eut son cheval tué sous lui : sommé de se rendre par un peloton de hussards, il répondit à coups de sabre, en tua cinq, parvint à se débarrasser des autres et à se sauver sur l'un de leurs chevaux.

A la bataille de Novi, ce brave se précipite avec quatre dragons au milieu des rangs d'un bataillon Hongrois, y porte l'épouvante et la mort, et parvient à reprendre deux pièces d'artillerie dont l'ennemi s'était emparé, et ramène trente prisonniers. Ces actes étonnans de bravoure méritèrent à *Guilbaudet* un mousqueton d'honneur.

⁕⁕⁕⁕⁕⁕

Au siége de Spire, un adjudant de Custine, M. de *Luteau*, qui avait donné le premier coup de hache dans les portes de la ville, y pénètre pour reconnaître les dispositions de l'ennemi. « Prisonnier ,

prisonnier ! lui crient les Autrichiens. — Un adjudant français ne se rend pas, reprend *Luteau*. » A ces mots, il pique des deux, fend le crâne d'un officier qui vient de le blesser, s'ouvre à coups de sabre un passage, et retourne vers les siens, au milieu d'une grêle de balles.

François - Alexandre Thévenet, capitaine au 1er régiment de chasseurs, se signala au passage du Rhin, à la tête de son escadron, en délogeant du village de Witstett un bataillon ennemi qui le défendait ; à la bataille de Hohenlinden, blessé de huit coups de sabre à la tête, il se dégage des Autrichiens qui l'entourent, et, traversant plusieurs corps ennemis, il amène des prisonniers au camp.

Le décret de la Convention qui ordonnait de ne plus faire des prisonniers anglais venait d'être promulgué dans les armées, et avait été reçu avec une sourde indignation par des hommes généreux qui se promettaient bien de ne pas le mettre à exécution de sang-froid, mais qui, liés par cette obéis-

sance passive dont on fait une vertu nécessaire à la guerre, n'avaient point osé faire
éclater les sentimens que faisait naître en
eux une loi aussi barbare qu'impolitique.
Parmi les prisonniers faits dans le combat
de Deynse, il y avait un assez bon nombre
d'Hanovriens, que leur qualité de sujets
du roi d'Angleterre rendaient passibles
de la mesure sanguinaire. Un détachement les conduisit à Wielsbeck, quartier-
général de Souham, où un officier d'état-
major les reçut des mains d'un sergent qui
commandait l'escorte. « Camarades , dit
l'officier au détachement, vous allez nous
mettre dans un cruel et terrible embarras;
il fallait laisser ces malheureux s'échapper
où vous les avez rencontrés. — Mon officier, répond le sergent dans son langage
naïf, c'est autant de coups de fusil à recevoir de moins, et nous sommes ici pour
affaiblir l'ennemi. — Mais il existe une loi
affreuse contre eux, et bien embarrassante
pour nous. — Nous la connaissons; mais
la Convention n'a pas prétendu que des
soldats français fissent le métier de bour-
reaux. Au reste , voici nos prisonniers,
envoyez-les aux représentans du peuple, et
si ces messieurs sont des sauvages féroces,

qu'ils les tuent et les mangent ensuite, ce n'est plus notre affaire. » Un pareil trait n'a pas besoin de commentaires pour prouver que l'humanité et le courage sont le caractère distinctif du soldat français.

***

Le 27 frimaire, an 9, en avant de Brannau, *Joseph Demachy*, caporal à la 23ᵉ de ligne, s'élance sur une pièce de canon que l'ennemi mettait en batterie, tue le sous-officier qui commandait, et s'empare de la pièce de canon chargée à mitraille.

***

A l'affaire d'Esbach, armée du Rhin, qui eut lieu le 28 floréal an 8, François-Antoine *Kirmann*, capitaine au 19 régiment de chasseurs, attaquant à la tête de quelques hommes le village de Delmingen, fit prisonniers un bataillon et quelques officiers majors qui le défendaient.

A celle de Neumarck, le 15 frimaire an 9, il réduisit à déposer les armes la moitié d'un bataillon qu'il avait coupé.

***

Après la victoire de Jemmapes, l'armée

française se porta sur les villes d'Anvers et de Namur dont elle s'empara ; mais les garnisons de ces places s'étaient retirées dans les citadelles où elles se défendaient.

La tranchée était ouverte, et déjà les bombes et les boulets écrasaient la citadelle de Namur : tout-à-coup le bruit se répand que le fort Villate , qui couvre le château , est miné, et que les assiégeans vont sauter au moment où ils croient obtenir la victoire. C'est alors que le général *Leveneur* , commandant sous les ordres de Valence , conçoit un projet d'une étonnante intrépidité : il se dirige la nuit vers le fort avec quelques centaines de grenadiers *déterminés à mourir*. Les Français franchissent les palissades : ils trouvent la première voûte déserte; mais les sentinelles qui gardent la seconde font feu et donnent l'alarme.

Leveneur , ne pouvant franchir cette palissade , dit à un officier très-grand et très-fort , qui se trouve près de lui , de le jeter par-dessus. L'officier exécute cet ordre, et se précipite aussi de l'autre côté de la barrière : plusieurs grenadiers les imitent. Déjà l'intrépide *Leveneur* a saisi le général autrichien : lui mettant l'épée sur la poitrine, il lui dit : *conduis moi à tes mines, ou tu es mort.* L'autrichien, déconcerté par tant de hardiesse, balance un instant; mais il cède. Le général français est conduit au fourneau des mines, il en arrache lui-même les mêches, les éteint, et le fort est en notre pouvoir.

⁓⁓⁓⁓⁓

Au combat de Syène, dans la Haute-Egypte, le capitaine *Mont-Léger*, se trouvant enveloppé par un gros de Mamelucks, ceux-ci le sommèrent de se rendre; il le refusa. L'un d'eux même lui tira un coup de fusil qui lui cassa un bras, ils se mirent tous à crier : « il est pris, il est » pris ! — Oh ! que non, répondit *Mont-* » *Léger.* » Au même instant, il tire un coup de pistolet à un Mameluck qui voulait l'arrêter, le tue, se saisit de son cheval, monte dessus, et regagne le camp français.

⁓⁓⁓⁓⁓

Pierre Hénon, caporal-fourrier au 1ᵉʳ régiment d'artillerie à pied, à l'armée du Rhin, le 25 prairial an 8, passa le Lech sur un arbre de six pouces de large, et, aidé du tambour-major du régiment, s'empare d'une pièce autrichienne, malgré le feu de l'ennemi.

A l'affaire qui eut lieu le 1er ventôse an 9, entre une chaloupe anglaise et un sloop marchand, *Coquet*, caporal à la 79e de ligne, resta avec un seul fusilier dans le bateau, qu'il défendit à coups de baïonnette : ayant laissé sa baïonnette dans le corps d'un anglais, il arrache les pistolets d'une autre main, et contribue puissamment, par plusieurs actes de bravoure, à déterminer l'ennemi à la retraite,

Jacques Guichard, caporal des grenadiers dans la 110e demi-brigade, aperçoit une compagnie autrichienne. Il tombe sur cette compagnie, saisit au collet le capitaine qui la commandait, et le fait son prisonnier. Les Autrichiens veulent délivrer leur chef, et mettent en joue l'audacieux français. *Guichard* voit le danger qui le menace ; son poignet vigoureux ne lâche point le capitaine ; mais il le place devant lui, s'en couvre tout entier, effectue sa retraite à reculons ; et , à l'abri de ce singulier bouclier , échappe à la décharge de la compagnie, retenue par la crainte de tuer celui qu'elle veut sauver. L'adroit et intrépide *Guichard* conduisit ainsi son prisonnier au camp français.

Au passage du Mincio , en Italie, *Michel*, sous-lieutenant au deuxième bataillon de la 45e demi-brigade , franchit le premier un fossé, pour engager ses frères d'armes à l'imiter ; mais voyant que son exemple n'était pas suivi, il repasse le fossé, s'empare du drapeau du bataillon, et va le replanter à dix pas de l'autre côté du fleuve.

Les Vendéens s'étant mis en marche pour attaquer Chollet, l'armée républicaine se mit en bataille sur la Lande, en avant de cette ville, afin de la défendre. Les troupes Vendéennes ayant commencé l'attaque en colonnes serrées, sur la droite et sur la gauche des républicains , ce premier choc fut si vigoureux que la ligne républicaine en fut ébranlée. Le général

Bard est blessé en chargeant à la tête d'une colonne de grenadiers. La garnison de Mayence, qui avait été mise en réserve par le général républicain, se porte en avant pour rétablir le combat. *Bard*, malgré sa blessure, rétablit ses grenadiers, qui commençaient à céder aux efforts des Vendéens, et, leur montrant les colonnes Mayençaises qui arrivaient au pas de charge, leur dit : « Camarades, voulez-» vous passer pour des lâches aux yeux » de ces braves ? » Les grenadiers, électrisés par ces mots, se reforment et font face à l'ennemi : le combat recommence avec une nouvelle fureur, et les Vendéens sont mis en pleine déroute avant que la réserve arrive au lieu de l'action.

Lorsque les Français, dans la guerre d'Espagne, s'emparèrent de Fontarabie, ils emportèrent auparavant les positions d'Haya et de Saint-Martial. Tous les corps firent leur devoir, mais les grenadiers montrèrent la plus vive ardeur dans cette journée mémorable. En gravissant la montagne de Saint-Martial, pleins d'enthousiasme, ils s'écrient : « Pour cette fois,

» on parlera de nous en France et dans » les journaux. » Pendant l'action, un obus espagnol tombe entre un caisson français et une pièce de huit. Deux soldats du premier régiment d'artillerie, ci-devant *la Fère*, se précipitent sur l'obus, dont la fusée brûlait encore ; le premier la coupe avec son sabre, tandis que l'autre couvre de terre l'obus. Ce trait hardi sauva le détachement d'artillerie, que l'explosion du caisson pouvait abîmer.

En 1796, les Autrichiens, battus à Roveredo, se retiraient en désordre ; le capitaine *Lemarrois*, aide-de-camp de Bonaparte, suivi de *Bessières* et de quelques cavaliers, les poursuit, les atteint, perce à travers leur masse, et s'empare de deux canons à la tête de la même colonne. Mais jeté en bas de son cheval et blessé dangereusement, il est forcé de les abandonner. *Bessières*, avec cinq ou six guides, s'élance pour les reprendre ; son cheval est tué, et sa proie va lui échapper. Animé d'une témérité sans exemple, il court à l'une de ces pièces, qui fuyaient au galop, saute sur l'affût, s'y place à califourchon, et s'abandonne au hasard. Les Autrichiens le sabrent, mais ne peuvent lui faire lâcher prise. Enfin deux de ses guides, qui ne l'ont point abandonné, parviennnent à tuer les canonniers, et la pièce de canon reste au pouvoir de l'audacieux *Bessières*. Il fut récompensé de cette action éclatante par le grade de chef d'escadron ; il devint par la suite général de division, et trouva une mort glorieuse sur un champ de bataille, en Allemagne.

Chaudier, grenadier dans le 85e régiment de ligne, donna, au siége de Mantoue, un exemple sublime de dévouement.

Une maison, située sous les remparts de cette ville, était favorable aux ennemis. On présumait qu'elle renfermait des munitions de guerre. Il s'agissait de l'incendier. *Chaudier* se propose pour cette expédition périlleuse. En conséquence, il se déshabille, se jette à la nage, après avoir pris une mêche allumée entre ses dents, arrive à la maison, à travers une grêle de balles, y met le feu, et revient sain et sauf rejoindre son bataillon.

Un sabre d'honneur fut la récompense de cette action d'éclat.

~~~~~~~~

A l'armée de la Moselle, un chasseur du 26ᵉ régiment, dont on doit avoir des regrets que le nom soit ignoré, eut le bras emporté par un coup de canon. Il le ramasse, et le portant avec le plus grand sang froid à une batterie peu éloignée : *Tenez*, dit-il aux canonniers, *puisque ce bras me devient inutile, mettez-le à la bouche d'un de vos canons, et envoyez-le aux ennemis.*

~~~~~~~~

Un nommé *Brabant*, grenadier à pied, homme d'une force et d'un courage extra-ordinaires, qui avait servi dans l'artillerie, trouve une pièce de quatre abandonnée ; il la relève seul, la charge et la tire pendant plus d'une heure. Sur ces entrefaites, il a la main droite emportée ; comme il avait encore un coup à tirer : *C'est égal, messieurs les ennemis,* dit-il, *vous n'en aurez pas moins la dragée.* Et il mit le feu de la main gauche.

Louis Pajot, tambour dans un bataillon de volontaires, à l'âge de quinze ans, se trouva aux affaires les plus chaudes qui eurent lieu en 1792 et 1793, à l'armée du Nord, et notamment auprès de Valenciennes. Là, sur vingt tambours qui battaient la charge, dix-neuf y furent tués. *Pajot*, resté seul, mais blessé à la jambe, ne cessa de battre la charge jusqu'à la défaite de l'ennemi, qui n'eut lieu que quatre heures après qu'il eut été blessé.

A la bataille d'Hohenlinden, gagnée par l'armée française, sous les ordres du général Moreau, sur les Autrichiens, trois bataillons hongrois, formés en colonnes serrées, s'avancent au pas de charge. Dans ce moment décisif, le général *Richepanse* se tourne, fixe l'œil du soldat, qui étincelle. Sûr de ses braves, il leur dit : *Grenadiers de la 48ᵉ, que dites-vous de ces hommes-là ?* — *Général, ils sont morts.* A ces mots, ils se précipitent ; l'impulsion est donnée, l'ennemi culbuté, et la colonne, semblable à un torrent, ren verse vigoureusement toutes les masses qui lui sont opposées.

~~~~~~~~~

Cinquante hommes de la vieille garde, qui étaient couverts presque tous d'honorables blessures, et dont la plupart étaient estropiés, gardaient le pont de Neuilly, lors de l'attaque de Paris, en 1814. A deux heures, ils furent attaqués par deux mille hommes et quatre canons. Sommés plusieurs fois de se rendre, ils répondirent toujours que les Russes devaient savoir que la vieille garde, même en nombre inférieur, n'avait jamais blanchi devant eux ; et ils conservèrent le pont, qu'ils n'abandonnèrent que le lendemain matin, lors de la capitulation de la capitale.

~~~~~~~~~

A la prise du fort d'Oliva, au mois de mai 1811, le grenadier *Thierry*, du 7ᵉ de ligne, entré dans le fort par une embrasure, s'élance sur un lieutenant-colonel ennemi ; un sergent lui arrache sa baïonnette ; *Thierry* tire son sabre, tue le sergent, et amène prisonnier le lieutenant-colonel

~~~~~~

Dans les champs d'Arlon, à la bataille livrée par les Français contre les Autrichiens, *Claude Revien*, charretier d'artillerie, a la cuisse emportée par un boulet; son frère, servant la même pièce, vient l'embrasser : *Retire-toi*, lui dit-il, *retourne à ton poste, tu y es nécessaire; je suis trop heureux de mourir pour ma patrie; que chacun en fasse autant.*

~~~~~~

A l'attaque de Feldkirk, dans le pays des Grisons, Jean-Jacques *Poussin*, de Paris, capitaine de la 2ᵉ compagnie de grenadiers de la 83ᵉ demi-brigade, à la tête de sa compagnie seule, réduite à moins de quatre-vingts hommes, soutint pendant six heures la charge du bataillon de Kaiser, autrichien, fort de plus de dix-huit cents hommes, et appuyé de quatre pièces de canon. *Poussin* parvint à le culbuter, et contribua par-là au succès glorieux de cette journée. Il obtint pour récompense un sabre d'honneur.

~~~~~~
~~~~~~

François Martin, maréchal - des - logis au 19ᵉ régiment de dragons, dans la première campagne de la Vendée, contribua puissamment à chasser l'ennemi de la ville de Thouars, et enleva un drapeau blanc, qu'il remit au général en chef.

A l'affaire de Porto-Fermo, armée d'Italie, il sauva la vie au général Casa Bianca.

Devant la ville d'Éponali, au royaume de Naples, ce brave, avec huit dragons, fit mettre bas les armes à un peloton de Napolitains.

A la bataille de Moëscroen, un chasseur du 5ᵉ, âgé tout au plus de dix-huit ans, fit prisonnier un officier autrichien. Comme il le conduisait au quartier-général, il fit rencontre de huit ou dix volontaires, qui voulaient le dépouiller. Le chasseur tira son sabre, se mit en garde, et déclara qu'il mourrait plutôt que de souffrir qu'on lui fît la moindre insulte.

Quand il fut arrivé au quartier-général, l'officier lui offrit de l'or. Le chasseur refusa généreusement.

Le 22 messidor an 8 , à la prise de Fuessen , *Mourin* (Jean-Joseph) , tambour à
la 94e demi-brigade de ligne , se mit à la
tête des tirailleurs , armé d'un fusil, et
battant la charge par intervalles. Il en-
fonça , à coups de hache , la porte de
Fuessen , où il entra le premier , battant
la charge , poursuivant l'ennemi , et
seul il fit plusieurs prisonniers. Des ba-
guettes d'honneur furent le prix de ces
actions de bravoure.

Aune (Léon) , lieutenant de grenadiers de
la garde des Consuls , reçut du gouvernement un sabre d'honneur, pour s'être distingué dans plusieurs actions d'éclat : à Monte-
notte , il sauva la vie à deux généraux ; au
combat de Dégo, il enleva un drapeau à l'ennemi ; à Lodi , il monta le premier à l'assaut ;
à l'affaire de Borghetto , il fit prisonnier le
commandant d'un détachement ; enfin ,
étant prisonnier dans un hôpital , il tua le
commandant ennemi , et par cette action
hardie , rendit la liberté à 400 blessés

tombés comme lui au pouvoir des impériaux.

⁕⁕⁕⁕⁕⁕⁕⁕

Ronquette, capitaine de grenadiers à la
63ᵉ de ligne, à l'affaire de Montelesimo,
en Italie, sortait d'une redoute où il était
resté seul, lorsque plusieurs autrichiens
lui crièrent de se rendre : *Je ne me rends
pas, quand je puis me défendre*, répondit-
il. A ces mots il décharge son fusil sur
l'un d'eux, perce un second d'un coup de
baïonnette, et rejoint sa compagnie à
travers une grêle de balles.

⁕⁕⁕⁕⁕⁕⁕⁕

Un jeune officier français d'Abbe-
ville, nommé *Traulle*, a une main emportée d'un coup de boulet, et reçoit un
coup de sabre qui le prive de l'usage de
l'autre. Prisonnier des Autrichiens, il dicta
cette lettre, qu'il adresse à sa mère : « j'ai
» une main qui ne peut plus me servir ;
» je ne vous parle point de l'autre, elle est
» restée sur le champ de bataille. A ce
» malheur près, je me porte assez bien.
» Aimez toujours votre fils, qui ne peut
» signer ni combattre. »

~~~~~~

Dans la guerre d'Irlande , qui eut lieu de 1794 à 1798, le capitaine des grenadiers *Langerat*, ayant eu l'épaule cassée par un biscaïen, et ne pouvant pas marcher. s'assied sur une pierre pour encourager ses soldats , et leur crie : « Amis. ne faites pas attention à moi ; » marchez à la victoire , elle est devant » vous ; je reste, et je meurs content. »

~~~~~~

Kléber gagnait la bataille d'Héliopolis, le 20 mars 1800. Le 25 avril, le Caire, où il avait laissé environ 300 hommes s'insurgea contre les Français. Nasif-Pacha, fit saisir Mustapha-Aga, chef de la police sous le gouvernement français, et le fit empaler au milieu de la populace, ivre de sang et de joie.

Huit soldats de la 15e demi-brigade commandés par le sergent *Klane*, se trouvaient alors de garde auprès de Mustapha; ils veulent d'abord le défendre, mais ne pouvant y réussir, ils osent tenter de se faire jour à travers la foule qui était innombrable. Ils marchent serrés les uns

contre les autres, en faisant feu alternative-
ment. Chaque coup de fusil fait tomber un
ennemi; la foule s'écarte, et fait avancer une
pièce de canon. *Klanc* et ses compagnons
se précipitent dessus, s'en emparent avant
qu'elle ait tiré et l'amènent. Cependant
trois d'entre eux sont blessés et tombent.
Seulement alors la pièce de canon est
abandonnée, les blessés sont placés sur
les bras de leurs camarades, et ce groupe
d'une valeur si extraordinaire, combattant
sans cesse, traverse cette ville immense.
Toujours poursuivis, ces braves guerriers
arrivent près du fort Dupuy, et là, enfin,
ils échappent à la rage de leurs ennemis,
étonnés et furieux de tant d'intrépidité.

~~~~~~~~

Le 16 juin 1815, se donna la bataille de
Ligny ou de Fleurus. Plusieurs actions
d'éclat illustrèrent dans cette journée la
valeur française.

Le colonel *Cubière*, commandant le
1er régiment d'infanterie légère, attaquait
l'ennemi devant les Quatre-Bras. Entouré
par huit cavaliers anglais, qui veulent le
forcer à se rendre, il se défend opiniâtre-
ment seul contre tous, et en blesse plu-
~~~~~~~~

sieurs. Couvert de coups de sabre , il parvient à s'ouvrir un passage , et à rejoindre son régiment.

Le capitaine *Husson* , du même régiment , était en tirailleur avec sa compagnie ; les Anglais occupaient une position d'où ils incommodaient beaucoup nos troupes. *Husson* veut les en chasser ; son tambour est tué ; il prend la caisse , bat la charge , et le premier devant sa compagnie , il aborde l'ennemi ; la position est enlevée , et 150 Anglais sont pris par 80 Français.

Le dernier assaut donné à Saint-Jean-d'Acre , et qui n'eut pas des résultats plus heureux que les autres , eut lieu le 10 mai 1799. Le colonel *Venoux* , de la 25ᵉ demi-brigade , allant à la brèche , dit au général Murat ; *si Acre n'est pas pris ce soir , tu peux dire que* Venoux *est mort.* Acre ne fut pas pris et *Venoux* ne revint pas.

Dans la campagne des Français , contre la Prusse , en 1806 , et qui fut signalée par

la célèbre victoire d'Jéna, le maréchal
Davoust, dans une position où il lui im-
portait beaucoup pour agir, de connaître
les forces de l'ennemi, et ne pouvant rien
apercevoir à cause d'un brouillard épais,
chargea le colonel *Burke*, son premier
aide-de-camp, de lui faire des prisonniers
à quelque prix que ce fût. Ce brave officier, prenant avec lui un détachement du
1er régiment de chasseurs, cherche l'a-
vant-garde prussienne. Il la rencontre près
d'Hassenhausen. Sans s'inquiéter de la supériorité de l'ennemi, six fois plus nom-
breux, il le charge, est chargé à son tour,
et sans se laisser entamer, il parvient à faire
plusieurs prisonniers, dont un major,
qu'il prend lui-même : ces prisonniers donnèrent les détails les plus précis sur la
force de l'armée prussienne, et leurs ren-
seignemens furent utiles pour les opéra-
tions de la journée.

A Marengo, le lieutenant d'artillerie Con-
rad, a la jambe emportée d'un boulet.
Renversé, il se soulève encore pour ob-
server le tir de sa batterie : les canonniers
veulent l'emporter ; il s'y refuse avec

opiniâtreté, et leur dit d'une voix de Stentor : *Servez votre batterie, ayez le soin de pointer un peu plus bas.*

~~~~~~~~~

Au combat de Tanin, en Suisse, un caporal des grenadiers, nommé *Leblanc*, tombe sur un caisson de l'ennemi, s'en empare, et coupe les traits des chevaux qui y sont attelés. Poursuivant sa marche victorieuse, *Leblanc* s'aperçoit que les Autrichiens, en déroute, cherchent à se rallier derrière le pont de Richeneau : il se précipite seul sur le pont ; son audace porte la terreur dans les rangs ennemis, surtout lorsqu'ils lui entendent crier avec force : *A moi, mes camarades !* les Autrichiens se croient poursuivis, leur trouble s'en augmente : le grenadier fond vigoureusement sur eux, sabre tous ceux qu'il peut atteindre, et ne s'arrête que lorsqu'ils sont complétement en fuite.

~~~~~~~~~

Lord Wellington venait de lever le siège de Burgos (22 octobre 1812), et se retirait devant les deux armées françaises du Portugal et du Nord.

Le 29 du même mois, le général Foy s'empare de Tordesillas ; mais il trouve le pont sur le Duero coupé par l'ennemi, qui occupait encore la tête du pont à la rive opposée. Il fallait le chasser pour raccommoder la coupure avec célérité ; soixante braves de la division Foy, ayant à leur tête le capitaine *Guingret*, du 6e léger, se jettent à la nage, le sabre aux dents, et parviennent à l'autre rive malgré le feu très-vif des Anglais, qui, surpris d'une action si hardie, fuient rapidement, en laissant quelques prisonniers entre les mains de ces intrépides nageurs. Cette entreprise audacieuse nous rendit maîtres de la tete du pont.

~~~~~~~~~

Le général *Causse*, mortellement blessé à la bataille de Dégo, voit passer le général en chef : « Dégo est-il pris ! lui demanda-» t-il d'une voix éteinte. — Nous sommes » maîtres des positions. — En ce cas, je » meurs satisfait. »

~~~~~~~~~

Dans la guerre d'Espagne, un dragon voit au moment du combat, passer le can-

tinier, l'appelle et se fait verser un petit
verre, qu'il se prépare à payer d'une main ,
tandis que de l'autre , il porte la liqueur à
ses lèvres ; mais au même instant , un boulet de canon coupe en deux le malheureux
cantinier. « Oh ! oh ! dit le dragon , c'est
» l'ennemi qui paie la goutte ! à sa santé ! »

Dans une affaire entre les Prussiens et
les Français , ces derniers avaient combat-
tu , quoiqu'en nombre bien inférieur , avec
une telle bravoure , que leurs ennemis ne
purent s'empêcher de les admirer. Le roi
de Prusse , témoin du combat , remarqua
lui-même un grenadier de la Haute-Saône ,
qui se défendit long-temps sur un pont.
Entouré des corps de ceux qu'il avait tués ,
il refusait quartier , et quoique tout couvert de blessures , il ne voulait pas se
rendre.

Frappé de cette grandeur de courage ,
le roi fit retirer ceux qui attaquaient ce
brave , à qui la lassitude et le sang qu'il
perdait ne permettaient plus de recevoir
la mort sans pouvoir la rendre. Il ordonna
qu'on le prît , sans lui faire de mal , et
qu'on le lui amenât : *Français , lui dit-il ,*

vous êtes un brave homme ; c'est dommage que vous ne vous battiez pas pour une meilleure cause.

Le grenadier républicain, embarrassé de se trouver en présence d'un roi, et ne voulant cependant pas démentir ses principes, lui répondit en langage de soldat de ce temps : « *Citoyen Guillaume, nous ne serions pas d'accord sur ce chapitre ; parlons d'autre chose.* » Le mot *citoyen Guillaume*, fit fortune dans l'armée prussienne, et plus d'une fois, en passant devant les tentes de ses soldats, le roi, qui avait beaucoup ri de cette saillie française, s'entendit nommer *citoyen Guillaume.*

A la bataille de Toulouse, donnée le 10 avril 1814, le général Berton se retirant sur la rive gauche de l'Ers, avec la cavalerie légère sous ses ordres, pour arrêter la poursuite de l'ennemi, devait faire sauter le pont déjà miné sur cette rivière. Il fait mettre le feu à la mèche, et se porte rapidement hors d'atteinte de l'explosion. Quelques minutes se passent et le pont est encore intact. Ce retard, qui pouvait être funeste à l'armée, excitait la plus vive in-

(85)

quiétude. Le nommé *Vincent*, maréchal-
les-logis au 22e. régiment de chasseurs,
témoin de l'anxiété de son général, se précipite, de son propre mouvement, vers le
pont, suivi d'un seul chasseur, qu'il appelle pour tenir son cheval, met pied à
terre près de la foudre, qui pouvait éclater, examine la mèche de la fougasse, qu'il
trouve éteinte, bat le briquet, la rallume
avec l'amadou, saute à cheval et s'éloigne.
Il n'était pas à dix pas que l'explosion eut
lieu. Heureusement *Vincent* ni son courageux compagnon n'en furent atteints. Trait
glorieux, qui, sortant de la nature ordinaire des actes de valeur sur le champ de
bataille, mérite d'être conservé.

Au combat de Boulou, qui eut lieu le
1er mai 1794, les Espagnols furent mis
en déroute ; ils fuyaient de toutes parts, et
passaient sur l'autre rive du Tech, pour
se soustraire à la poursuite des Français.
Un soldat du 28e. régiment, nommé *Baudrier*, qui désespère de les atteindre, prend
le plus court chemin ; il se jette dans la
rivière, la traverse à la nage ; son fusil lui
échappe, et il arrive sans armes sur la rive

ennemie. Trois Espagnols fuient devant lui ; il s'élance après eux et joint le dernier. Malgré sa résistance, il se saisit de sa baïonette et le poignarde. Armé du fusil du mort, il tire sur le second et le tue. Le troisième fuyait toujours ; sans se donner le temps de recharger son arme, *Baudrier* l'atteint et l'assomme à coups de crosse.

Mathieu Maillot, sergent-major au vingt-troisième régiment d'infanterie de ligne, sachant que le général commandant avait besoin de connaître la position de l'ennemi, mais que cela ne pouvait se faire qu'en traversant le Danube à la nage, alla sur-le-champ lui offrir ses services pour cette expédition périlleuse. Le général les accepta, et l'adjoignit à un officier et à quelques autres soldats qui s'étaient rendus près de lui pour le même objet ; il traversa donc le fleuve avec eux. Rendus sur l'autre rive, leur présence donna l'alarme à l'ennemi, qui se crut surpris. La position de l'ennemi reconnue, *Maillot* retraverse le fleuve, vient faire son rapport au général ; il en reçoit de nouveaux ordres pour l'officier qui commandait le détachement. Il repasse le fleuve pour la troisième fois , et porte les ordres. Ces braves continuent eur reconnaissance , et s'aperçoivent enfin que l'ennemi marche en retraite. *Maillot*, pour la quatrième fois , repasse le Danube , et vient annoncer cette importante nouvelle au général.

A l'attaque du village de Rhintal , *Joseph Werck*, trompette au sixième régiment de chasseurs à cheval , usa d'une ruse de guerre qui facilita la prise de ce village. Deux compagnies de la cinquantième demi-brigade , et le sixième régiment furent chargés de faire cette attaque à dix heures du soir ; ce village était défendu par six cents hussards. A l'instant où l'ennemi allait sonner la charge , *Werck* se glisse dans ses rangs , à la faveur de l'obscurité , sonne d'abord le ralliement à la manière autrichienne , et ensuite la retraite : ce corps se croit en partie défait , et quand *Werck* est assuré qu'il est en pleine retraite , il s'échappe et vient rejoindre ses camarades.

A la bataille sanglante d'Eylau , le capitaine des grenadiers à cheval, *Auzoni*, blessé à mort, était couché sur la neige ensanglantée. Plusieurs de ses camarades viennent pour l'enlever et le porter à l'ambulance ; mais ce brave ne recouvre ses esprits que pour leur dire : « Laissez-moi, » mes amis ; je meurs content, puisque nous » avons la victoire et que je puis terminer » ma carrière sur le lit d'honneur, entouré » de canons pris à l'ennemi, et des débris » de leur défaite. En quittant la vie, il ne » me reste qu'un regret, c'est que dans » quelques instans je ne pourrai plus rien » pour la gloire...... à elle mon dernier sou- » pir. » Après ces mots, qui achèvent d'é- puiser ses forces, il expira.

La campagne des Français contre la Prusse, en 1806, fut une suite non inter- rompue de triomphes, qui furent couronnés par la glorieuse victoire de Jéna.

Le 10 octobre, au combat de Saalfeld, l'avant-garde du prince Hohenlohe, com- mandée par le prince Louis de Prusse, fut culbutée par le 9 et le 10e régiment de hussards. Ce fut à ce combat que ce jeu- ne prince, voyant la déroute de ses gens, se prit corps à corps avec un maréchal-des-logis du 10ᵉ de hussards. *Rendez-vous, colonel*, lui dit le hussard, *ou vous êtes mort*. Le prince, pour toute réponse, lui porta un coup de sabre ; le maréchal-des-logis riposta avec vivacité, et étendit le prince roide mort.

Dans la campagne de l'armée française en Portugal, dans les années 1810 et 1811, le 2ᵉ corps prit position auprès de Villa-Franca, située au bord du Tage, où elle entra ensuite. Un enfant de six mois fut le seul être qu'on trouva dans cette petite ville. Il était dans un berceau, exposé devant la porte d'une maison. La Providence se chargea de veiller aux jours de cette innocente créature, que des parens insoucians et barbares avaient abandonnée à une mort presque certaine. Les canonnières anglaises foudroyaient la ville pour empê-cher les Français de s'y rétablir, et déjà la plupart des maisons n'étaient plus que des ruines. Par un hasard singulier, le ber-ceau de ce pauvre enfant resta intact, au mi-lieu des boulets et des décombres qui crou-laient tout autour de lui avec le plus grand

fracas. Un de nos grenadiers l'ayant aperçu, n'en voulut pas d'abord croire ses yeux :
il s'approcha de plus près, et soulevant une
mince couverture, il vit un enfant charmant,
qui, sans le moindre signe d'effroi, sou-
riait comme s'il eût encore été paisiblement
sous le toit paternel. Le premier mouvement de ce brave grenadier fut de prendre
le berceau, et d'aller le mettre hors de
tout danger. Tout le bivouac fut ému à la
vue de cette intéressante créature, qui, de
si bonne heure, avait déjà été en butte à la
dureté des hommes et à tant de périls. C'était
à qui en prendrait le plus de soin. Une chèvre devint sa nourrice. Ce pauvre enfant
vécut ainsi jusqu'au moment du départ,
toujours soigné avec la même tendresse et
le même plaisir. Quand l'ordre fut venu de
s'éloigner de cette position, il n'y avait pas
moyen d'emporter *Fanfan;* c'est ainsi qu'ils
l'avaient baptisé. C'était une désolation
pour ces braves de quitter leur orphelin ;
mais de l'abandonner de nouveau au milieu
des champs, c'est à quoi ils ne pouvaient
consentir. Ils découvrirent enfin une vieille
femme qui était restée dans un village voi-
sin ; ils furent la chercher, lui donnèrent
tout l'argent qu'ils avaient, sans oublier la

chèvre nourrice, à condition qu'elle se chargeât d'élever cet enfant, jusqu'à ce que ses parens ou d'autres personnes vinssent à le réclamer; et ils partirent chagrins, mais au moins satisfaits de savoir que *Fanfan* ne mourrait pas de faim ou de misère.

Bravoure et humanité, telle est la devise du grenadier français, dont l'honneur est le seul oriflamme.

~~~~~~

En 1795, dans la plaine de Fleurus, près de la Sambre, le grenadier *Dérique* est atteint d'un boulet qui lui endommage presque tout le bas-ventre. Ses braves camarades affligés le transportent à l'ambulance : il aperçoit que ses cartouches tombent, il ramasse ce qu'il a de forces, et dit : *Mes amis, je meurs; ramassez mes cartouches, et allez à votre poste.* En achevant ces mots, il rendit le dernier soupir.

~~~~~~

A la fameuse affaire de Baylen, en 1808, au commencement de la guerre d'Espagne, le lieutenant *Moisy*, étant à la tête de sa compagnie, reçut trois coups de feu presque en même temps. Comme il perdait beaucoup de sang, un de ses soldats l'invita à se retirer, en lui disant, qu'ayant reçu trois balles, il devait être épuisé; *Moisy* lui répondit : *Trois balles ne font rien; un soldat français ne commence à compter qu'à la douzième.*

Nicolas Lefebvre, sapeur, se trouvant au passage du Lech, s'élança le premier sur une poutre, la seule qui restait des débris d'un pont coupé par l'ennemi ; il franchit un affreux précipice, causé par le torrent ; et, sans être arrêté par un feu terrible de mousqueterie et de mitraille, il tombe sur une batterie de canons, qu'il enlève, à l'aide de quelques camarades enhardis par son exemple.

Fortuné-Joseph Val, tambour-major du premier régiment d'artillerie à pied, étant alors simple canonnier à Fribourg, passa le Lech sur un arbre de six pouces de large, et s'empara avec le caporal-fourrier d'une pièce autrichienne, malgré le feu de l'ennemi.

En 1796, la corvette la *Bayonnaise* avait engagé le combat contre une frégate anglaise. L'action durait depuis trois heures et la supériorité du feu de l'ennemi était telle, que déjà une grande partie de l'équipage français se trouvait hors de combat : *à l'abordage !* s'écrie le capitaine *Richer.* Comme ses gens pénétrés du même enthousiasme, s'apprêtaient à lui obéir, une bordée ennemie blesse le capitaine et quelques officiers, coupe la mâture qui tombe avec fracas dans les gréemens de la frégate. *Enfans !* continue Richer, *voyez-vous ce pont qu'ils nous fournissent eux-mêmes ? à l'abordage !* — *à l'abordage !* reprennent soldats et matelots ; et se glissant le long des mâts, ils sautent sur le bord ennemi, et s'emparent, après une longue résistance, de la frégate.

Ce fut dans cette même action qu'un mousse français, âgé de douze ans, voit tuer près de lui son officier : furieux, il attaque le soldat qui a fait le coup, le poursuit et l'abat d'un coup de pistolet :

je l'ai vengé, dit-il, *et tu n'en tueras plus d'autres.*

~~~~~~~

Au combat de Geisberg, qui précéda le blocus de Landau, par le général Hoche, une compagnie d'artillerie légère se forme en carré pour recevoir le choc d'un régiment de cavalerie ennemie, en plaçant ses pièces au milieu, à portée de pistolet. Les pièces sont démasquées, et pendant qu'elles tirent sur la cavalerie, les canonniers qui ne servent point les pièces, chargent eux-mêmes les cavaliers et les mettent en déroute.

~~~~~~~

Après la prise du vieux fort de Kehl, en 1797, les Français, rejetés par les Autrichiens jusque dans leur camp retranché sur la rive droite du Rhin, s'apprêtaient à passer le fleuve à l'aide du pont volant qu'on y avait établi. Le général *Lecourbe*, prévoyant ce mouvement, repousse le pont vers la rive gauche, et s'emparant d'un drapeau : « Soldats, dit-il, le Rhin » est ici, l'ennemi là, il faut ou se noyer, » ou le battre. » L'ennemi fut battu, et la position conservée.

En 1809 , au combat qui eut lieu sur les bords du Francoli , en Espagne , le lieutenant *Berrinot* , du 24ᵉ de dragons , à la tête de son peloton , dans le moment le plus critique et sur le terrain le plus difficile , exécute une charge vigoureuse , qui eut le plus grand succès ; son cheval fut tué sous lui , percé de sept balles ; mais cet intrépide officier , remontant aussitôt sur un autre qu'un dragon de sa compagnie venait de prendre , charge de nouveau , culbute avec son peloton les ennemis qui se trouvent sur son passage , et allait se saisir du général en chef ennemi Reding , lorsqu'il reçut lui-même le coup mortel.

Le 23 mars 1810 , le maréchal duc de Bellune , en position devant Cadix , se rendit maître du fort de la Matayorda. L'occupation de ce fort facilita la délivrance de 1500 prisonniers français , dont 600 officiers , qui faisaient partie du corps d'armée du général Dupont , qui avait capitulé à Baylen. Au mépris d'une capitulation si solennelle , ces malheureux avaient été placés sur des pontons dans la rade de Cadix, où, depuis plus de 20 mois, ils languissaient dans les angoisses de la plus horrible captivité.

Quelques-uns d'entre eux résolurent de tout tenter pour recouvrer leur liberté. Le 15 mai, à 8 heures du soir, le vent qui commençait à se maintenir au sud - ouest depuis le matin, sembla tomber tout-à-coup. C'était cependant le moment choisi par le ponton *la Castille*, comme le plus favorable pour couper les câbles et profiter du flot. Conduits par quelques jeunes sous-lieutenans, deux cuirassiers, à coups de hache, coupèrent les cables qui les retenaient au rivage : dès-lors, plus d'incertitude , et chacun se mit à l'ouvrage. Les officiers de marine dirigèrent la manœuvre du ponton ; les officiers de terre s'emparèrent de la garnison, qu'ils mirent à fond de cale , et se rangèrent sur le pont. Avec les armes qu'ils venaient d'enlever à leurs gardiens, les boulets et les gueuses qu'ils jetaient à la main sur les embarcations ennemies qui les approchaient, ils parvinrent à éloigner les assaillans après les avoir maltraités. Pendant ce temps, le ponton continuait à dériver quelquefois dans une direction contraire lorsque les vents mollissaient ; mais les voiles que l'on avait habilement disposées avec des hamacs et des couvertures, le maintinrent contre le courant, et il vint échouer à la côte.

Lorsque le ponton fut découvert à la côte par les troupes françaises du Trocaredo, elles prirent à l'instant toutes les mesures nécessaires pour lui porter secours. La situation des malheureux prisonniers de *la Castille*, ne laissait pas de devenir de plus en plus critique. Ils recevaient à quart de portée le feu du fort de Pontalès, celui de toutes les batteries qui sont sur la côte entre le fort et Cadix, ainsi que les bordées d'une vingtaine de canonnières et d'autant de bombardes.

Le débarquement s'opéra sous la direction des généraux Leval et d'Aboville.

Le lendemain 16, à 8 heures du matin, 400 hommes du ponton étaient déjà à terre, et à midi tout le monde était débarqué.

L'opération du sauvetage dura 7 heures, elle se fit sous un feu d'artillerie des plus vifs.

Pendant 8 heures consécutives, 2000 individus du premier corps, officiers, soldats, se tinrent dans l'eau, sous les coups de 150 bouches à feu.

Le chef de bataillon *Clouet*, le capitaine de génie *Bonpart*; *Joubert*, officier d'état-major; les sergens *Dequilhem*, *Faillou*; le caporal *Girardin*, les pontonniers *Hubert Gabriel*, *Pontarolo* et *Nussbaame*, montrèrent le plus grand courage, soit en sauvant des prisonniers qui s'étaient jetés à la nage sans savoir nager, soit en dirigeant des embarcations.

L'ennemi parvint, avec des bombes et des obus, à mettre le feu au ponton. Il fut éteint trois fois par les Français qui restaient encore à bord. *La Castille* était entièrement évacuée, lorsqu'une bombe partie de Pontalès vint éclater sur son pont, et bientôt elle fut totalement consumée.

A la bataille de Waterloo où l'armée française se montra aussi courageuse qu'elle fut malheureuse, le colonel *Sourd*, officier de mérite, commandant le 2ᵉ de lanciers, est entouré par un escadron anglais, au moment où il venait d'exécuter une charge brillante. Incapable de se rendre, il se défend avec acharnement; mais, accablé par le nombre, il va périr, lorsque son régiment le dégage. Ce brave colonel était couvert de coups de sabre; son bras droit, coupé en dix endroits, tenait à peine; on lui en fit l'amputation, et une heure après il était encore à cheval.

Dans la guerre du Portugal, en 1810, l'avant-garde d'un corps de l'armée française, prit dans une rencontre, un officier de cavalerie qui appartenait à une des plus illustres familles d'Angleterre. Cet officier avait parié qu'à lui seul, avec son ordonnance, il ferait prisonniers quatre soldats français. C'était une de ces saillies, inspirées par une forte dose de punch, mais qui ne réussissent pas avec nos militaires. Il rencontra effectivement deux tirailleurs français qui, selon leur coutume audacieuse, s'étaient jetés à une grande distance de leur colonne. Notre anglais voulut les charger; l'un deux l'attendit à dix pas, et étendit son cheval roide mort d'une balle; l'ordonnance prit la fuite.

L'autre courut aider l'officier à se dégager de ses étriers, le prit sous le bras, et l'amena poliment au quartier-général.

⁓⁓⁓⁓⁓

Le caporal du premier bataillon d'une demi-brigade française, nommé *Dufour*, prisonnier de quatre Espagnols, était entraîné par eux loin du champ de bataille. Il s'empare de la baïonnette de l'un deux, en tue trois, et amène le quatrième au quartier-général.

⁓⁓⁓⁓⁓

Le 9 mai 1792, un détachement composé de plus de cent hullans, se présente au poste de Marcou, l'un des ouvrages extérieurs de la place de Condé. Une escouade de huit jeunes recrues, commandée par le sergent *Rousselot*, gardait cet ouvrage. Peu effrayé du nombre des ennemis, *Rousselot* s'adresse à sa petite troupe. Pour les encourager à combattre, il se contente de leur dire : *si je recule, tuez-moi ; si quelqu'un de vous recule, je le tue.* Il se bat quelques instans dans son poste, puis commence sa retraite sur Condé, en faisant un feu continuel qui tua du monde à l'ennemi. Ce brave sergent brûla plus de 40 cartouches, et reçut plus de 20 balles dans son chapeau et ses habits. Un de ses soldats se sentant blessé, lui dit : *mon sergent, j'ai, je crois, la cuisse cassée. — Marches-tu encore ? — Oui. — Vite, vite, recharge ton arme.* Ainsi ce détachement rentra dans Condé, en combattant continuellement. Il n'y eut que trois de ces braves de blessés.

En 1815, à la bataille de Waterloo, un colonel de la garde, ayant perdu tout son régiment, remet à son ordonnance quelques papiers pour les porter à sa femme.

« Fuis, lui dit-il, fuis : va dire à celle que j'aime, que ma dernière pensée fut à elle ; mais que l'honneur n'a pas permis que je me séparasse de mes frères d'armes. »

En achevant ces mots, il se brûle la cervelle au milieu des cadavres de son régiment.

A la bataille de la Moskowa, les Russes, maîtres d'un plateau d'une étroite éten due, étaient rangés derrière la rivière de Kologha : leur gauche, faiblement protégée, était exposée au feu d'une redoute que nous avions élevée la veille : un grand nombre des nôtres avait payé ce succès au prix de leur sang : un bataillon entier du 61e régiment était disparu sous le feu de l'ennemi : aussi, quand Bonaparte, passant une revue, demanda au colonel ce qu'il avait fait d'un de ses bataillons ? *Sire*, reprit le colonel, *ils sont dans la redoute.*

Dans les premières campagnes des armées françaises, un officier général voulant s'assurer si l'on pouvait compter sur l'énergie des troupes, aborde ainsi un grenadier :

—» Camarade, nous allons marcher en avant ; crois-tu que nous venions à bout d'entrer en Flandre ?

—» En Flandre ! ce pays ne tiendra pas plus devant nous que la rosée devant le soleil.

—» Cependant, cette ligne de fortifications depuis Namur jusqu'à Ypres, la trouves-tu si facile à digérer ?

—» Cette ligne ! bah ! croyez-moi, mon

officier, nous l'avalerons comme une as-
perge. »

~~~~~~

« A la bataille de Raucoux, un boulet de
canon emporta la jambe d'un grenadier ;
il nageait dans son sang ; c'était au fort
de la mêlée. Dans ce moment décisif, son
général passe et s'arrête. « Qu'on sauve ce
brave homme, dit-il, et qu'on lui donne
des secours. — Général, que vous importe ma vie? répond le grenadier : allez
et gagnez la bataille. »

~~~~~~

Le 20 nivose an 9, dans le combat li-
vré aux Anglais près de Belle-Isle en mer,
J.-P. Thierry Duchesne, sergent au 2ᵉ
bataillon franc d'Ouest, à la tête de quinze
chasseurs embarqués sur trois chaloupes,
donne la chasse à un bâtiment ennemi
armé de six pierriers et de deux pièces de
canon. Il saute à l'abordage, et parvient à
amariner le bâtiment à quelque distance
d'une frégate anglaise qui était venue à son
secours.

~~~~~~

A la bataille de Bergen, en Hollande,
où l'armée anglo-russe, commandée par

9.
~~~~~~

le duc d'Yorck, fut mise en déroute par
l'armée franco-batave, aux ordres du général Brune, les Russes, que les Anglais
avaient eu soin de mettre en avant, en-
foncés par les grenadiers français, que
dirigeait Vandamme, se battirent en dé-
sespérés. Le général *Hermann*, leur chef,
guerrier estimé, au milieu de la mêlée se
trouve en face d'un grenadier français qui
le saisit au collet et le fait prisonnier.
Hermann lui offre sa bourse en le suppliant
de le laisser aller. « Je ne me bats pas
» pour de l'argent, répond le grenadier,
» mais pour la gloire ; marchons ! »

L'affaire avait été meurtrière, et le
champ de bataille couvert de mourans ;
quelques français s'occupaient à relever
les blessés, anglais et français indifférem-
ment. Un officier leur dit : « Soldats, pourquoi vous amusez-vous à ramasser ces
gueux ? Il est temps d'aller manger la soupe.
— « A-t-on faim, répond un grenadier,
» quand il reste de belles actions à faire ?
» eh bien ! n'en faisons-nous pas deux à la
» fois ? en conservant la vie à un anglais
» blessé, nous remplissons un devoir d'hu-
» manité, et nous tirons des prisons d'An-

» gleterre, un de nos malheureux cama-
» rades. »

⁓⁓⁓⁓⁓

Dans le combat qui eut lieu entre les généraux Charette et Beysser, commandant la colonne de droite de l'armée du général Canclaux, les Vendéens, pressés de toutes parts, fuyaient vers Montaigu, où Beysser les poursuivait l'épée dans les reins. Au moment où les Vendéens se précipitaient vers Montaigu, une vingtaine de hussards républicains s'étaient jetés dans les groupes les plus épais, et sabrèrent long-temps avant de trouver la mort. Un d'eux, *Louis Guillaume*, dit *le Téméraire*, noir Africain, est renversé avec son cheval, qu'il croit mort ; il veut se brûler la cervelle pour ne pas tomber au pouvoir de l'ennemi. Mais un Vendéen court à lui, *Téméraire* l'ajuste et le tue du même coup de pistolet qu'il se destinait. L'explosion fait relever son cheval ; l'Africain saute dessus, traverse les Vendéens qui font sur lui une décharge de mousqueterie ; il les écarte à coups de sabre, et regagne son corps, sans avoir reçu aucune blessure.

~~~~~~~~~~

Victor Mahut, caporal de carabiniers à la 9e légère, sauva, à la bataille de Marengo, un officier de dragons, tua un des Autrichiens qui le poursuivaient, mit les autres en fuite, et reçut un coup de feu au moment de saisir le cheval du cavalier qu'il avait tué.

~~~~~~~~~~

A la même bataille, *Nicolas Le Gay*, sergent à la 6e légère, rallia plusieurs compagnies, qui, faute de cartouches, avaient abandonné leurs positions, en leur rappelant vivement que les Français avec la baïonnette n'avaient pas besoin de poudre, et il leur fit reprendre leur premier poste.

~~~~~~~~~~

L. Gros entré au service à l'âge de dix-huit ans, n'était que simple sergent en 1790. Sa bravoure et ses services lui procurèrent un avancement rapide, et il reçut, en 1795, le grade de capitaine sur le champ de bataille. Il se distingua tour-à-tour aux armées d'Italie, des Pyrénées,
~~~~~~~~~~

d'Angleterre, de Hollande et du Rhin,
jusqu'en l'an 12. Entré à cette époque
dans la garde, il se trouva avec elle à la
Grande-Armée, et recueillit sa part de
gloire aux immortelles journées d'Ulm,
d'Austerlitz, d'Jéna, d'Eylau, de Fried-
land. Il fut blessé de cinq coups de feu
dans ses premières campagnes, et plusieurs
fois il se distingua par sa présence d'esprit, sa bravoure et ses talens militaires.

Le 14 brumaire an 4, à la bataille de
Bassano (armée d'Italie), il commandait
cinq compagnies, avec lesquelles il tua
quatre cents hommes, et fit quatre cents
prisonniers.

Le 26 ventôse an 5, au passage du
Tagliamento, il était à la tête d'un bataillon de grenadiers, auquel il fit prendre
quatre pièces de canons et plusieurs caissons. Le 21 brumaire suivant, à la bataille
de Caldero, il arriva un des premiers, à
la tête du troisième bataillon, aux fossés,
où il arrêta une colonne ennemie, forte
de six cents hommes, et qui fut faite pri-
sonnière.

Ses éminens services lui méritèrent le
grade de général de brigade, et la place

de colonel-major des chasseurs à pied de la garde.

~~~~~~~~

Au combat naval du 13 prairial, an 2, le vaisseau anglais *la Reine Charlotte* se trouvait alors à demi portée de canon, lorsque *Bouvet de Cressé* (1) demanda à Villaret de balayer le pont de l'anglais en allant mettre le feu à la caronnade de trente-six. *Vous vous ferez tuer*, lui répond l'amiral. *Qu'importe?* reprend Bouvet, *si je suis utile à ma patrie.* Sans perdre de temps, il se glisse de degrés en degrés, au milieu des balles que les Anglais lui lancent avec l'espingole et le pistolet. Il reçoit cinq blessures ; mais un succès complet couronne sa vaillance. *La Reine Charlotte* est abîmée par l'effet de la caronnade, et ce n'est que par une prompte fuite qu'elle évite une entière destruction.

~~~~~~~~

A Marengo, *Claude-Charles Blin*, ser-

______

(1) Ce digne Français dirige aujourd'hui une maison d'éducation dans les environs de Paris.

gent-major à la 30e de ligne, donna des preuves d'un courage extraordinaire, en se précipitant, lors de la charge, sur un peloton ennemi, auquel il prit, avec quatre de ses camarades, un drapeau, et fit plusieurs prisonniers, dont un officier et plusieurs sous-officiers.

~~~~~~~~~~~

Un caporal de la neuvième compagnie du corps d'artillerie, nommé *Eglin*, donna à la bataille de Persine la preuve d'un grand courage, accompagné du sang-froid le plus remarquable. Les timons rompus de deux caissons allaient forcer la compagnie d'artillerie légère à les abandonner sur le champ de bataille. *Eglin*, secondé par un de ses camarades nommé *Gorsier*, canonnier, court au parc chercher deux timons de rechange, les reporte sur le champ de bataille, et, malgré le feu de l'ennemi, se met au travail aussi tranquillement que s'il eût été dans son atelier, replace les deux timons, et parvient de cette manière à sauver les caissons.
~~~~~~~~~~~

~~~~~~~

Le trait suivant de dévoûment et de discipline militaire, mérite d'être conservé comme propre, en fixant notre admiration, à prouver qu'il n'est aucune vertu étrangère au cœur du militaire français.

Dans une affaire contre les Espagnols, au premier coup de canon qui se fait entendre, tous les prisonniers détenus pour délits militaires, au quartier-général de Chauvin-Dragon, supplièrent le général de leur accorder la permission d'aller combattre. Leurs instances sont si vives, qu'ils obtiennent cette permission. L'un d'eux était officier : il se présente à leur tête, il répond de tous, et tous jurent de vaincre. Arrivés au champ de bataille, ils font en effet des prodiges de valeur, et contribuent au succès de cette journée, à la fin de laquelle ils reviennent à Chauvin-Dragon, pour y déposer leurs armes et rentrer en prison.

FIN DU TOME PREMIER.
~~~~~~~

LA TOUR D'AUVERGNE

ET

LES GRENADIERS DE FRANCE,

OU

LE PANTHEON DES BRAVES.

IMPRIMERIE DE DAVID.